월리스 와틀스의 부를 움켜쥐는 17가지 법칙

일러두기

이 책은 월리스 와틀스 Wallace D. Wattles 가 쓴 《The Science of Getting Rich(1910)》를 번역한 것으로 우리말 제목은 [월리스 와틀스의 부를 움켜쥐는 17가지 법칙]으로 의역했다.

100년 넘게 전해온 0.1% 부자들의 바이블

The Science of Getting Rich

월리스 와틀스의

부를 움켜쥐는 17가지 법칙

◆ 월리스 와틀스 지음 | 안희탁 옮김 ◆

지식여행

서문

이 책은 철학책이 아니다. 이론을 제시하고 설명하는 학술 논문도 아니다. 돈을 움켜쥐고 부富를 쌓는 실용적인 경로와 방법을 말하고 있다. 돈이 절실한 사람, 돈을 움켜쥐고 부자가 되고 싶은 사람들을 위한 책이다. 특히 부와 돈에 대해서 깊이 생각하거나 연구할 기회와 방법을 가지지 못했지만, 부자가 되는 과학적 근본 원리를 받아들일 사람들을 위한 책이다.

먼저, 이 책에서 제시하는 기본 명제는 발명가 마르코니나 에디슨이 발명한 전기의 법칙처럼 확고부동한 것이다. 기본 명제를 받아들인다면 망설임도, 두려움도 없이 행동으로 실천하여 당신의 인생에서 진실임을 증명하라.

누구나 이 책의 방법과 법칙을 따른다면 분명히 부자가 될 것이다. 그 방법은 정확한 과학이기 때문이다. 실용적인 이 책의 철학적 이론과 논리적 근거를 간단히 소개해보겠다.

일원론적 세계관은 부분과 전체를 하나의 원리로 설명한다. 하나의 본질과 원리가 다양한 물질세계에 드러나는 일원

론은 원래 힌두교에서 유래했다. 지난 200년 동안 서양 사상에 큰 영향을 끼쳤다. 물론 위대한 동양 철학 사상은 데카르트, 스피노자, 라이프니츠, 쇼펜하우어, 헤겔, 에머슨 철학의 기초가 되었다. 이에 대한 철학적 이론을 더 알고 싶다면 헤겔과 에머슨의 책을 읽어 보기 바란다.

나는 이 책을 누구나 쉽게 이해할 수 있도록 단순명료하게 썼다. 이 책에서 제시한 법칙과 방법, 계획은 나의 철학적, 실천적 사유의 결과물이다. 실제 생활에서 이미 많은 사람의 실천과 검증을 받은 것이다. 당신이 진정으로 부를 움켜쥐고 부자가 되길 원한다면 이 책을 읽기 바란다. 그리고 이 책에서 말하는 대로 꼭 실천해 보기 바란다.

1910년

윌리스 와틀스

차례

1장

부자(富者)가 될 권리

빈곤한 삶을 그럴듯한 인생의 의미나, 철학의 가치로 포장하더라도 변하지 않는 것이 있다. 부자富者가 아니면 성공한 삶을 살기는 힘들다는 것이다. 누구나 재능을 발휘하고 영혼을 성숙시키는 데 어느 정도의 돈은 필요하다. 개인의 잠재력과 재능을 꽃피우기 위해서는 적지 않은 자원이 필요하고 이를 얻기 위해서는 돈이 있어야 한다.

사람은 여러 자원을 활용해서 마음과 영혼을 성숙시키고 신체를 건강하게 성장하도록 한다. 현대사회에서는 그러한 자원(토대)을 가지려면 돈이 필요하다. 따라서 사람이 태어나고 성장하기 위해서는 부자가 되는 과학의 기초인 돈이 마땅히 있어야 한다.

모든 살아있는 생명의 목적은 발전이다. 생명을 가지는 한 자신이 성취할 수 있는 최대한의 발전을 누릴 천부의 권리가 있다. 사람 또한 정신과 영혼, 육체적 성취에 필요한 자원을 제한 없이 사용할 권리가 있다. 누구나 부자가 될 권리가 있는 것이다.

나는 이 책에서 부富를 좋은 말로 그럴듯하게 비유하지 않겠다. 진정한 의미의 부는 사소한 것에 만족하고 안주하는 것이 아니다. 더 많이 갖고 더 많이 누릴 수 있다면 작은 것에 만족해서는 안 된다. 생명이 탄생하고 진화하고 성장하는 것이 자연의 섭리인 만큼 누구나 품위 있고 아름답고 풍요로운 삶을 누릴 권리가 있다. 그렇지 못한 상태를 그냥 받아들이는 것은 죄악이다.

부자란 누구인가? 원하는 모든 것을 갖고 자신이 살고 싶은 삶을 사는 사람이다. 돈이 없으면 원하는 것을 가질 수 없다. 이 세상은 놀랍도록 발전했고 인간의 삶의 범위도 커지고 복잡해졌다. 평범한 사람도 제대로 인생을 누리려면 많은 돈이 필요하다.

사람은 누구나 가진 재능과 능력을 최대한 발휘해서 성장하고 싶어 한다. 내면에 잠재된 가능성을 실현하려는 욕망은 인간의 본성이다. 우리는 할 수 있는 모든 것을 하고자 하고 이루길 원한다. 성공이란 자신이 원하는 사람이 되는 것이며, 원하는 사람이 되기 위해서는 필요한 자원을 활용할 수 있어야 한다. 그래서 그 자원을 얻을 수 있을 만큼 부자여야만 한다. 따라서 부자가 되는 과학적 방법을 이해하는 것은 어떤 공부보다 중요하다.

부자가 되려는 것은 도덕적으로 타락한 것이 아니다. 부유해지고 싶은 마음은 더 풍족하고 충만한 삶에 대한 열망이므로 오히려 칭찬받아야 한다. 가난하게 살기 원하는 사람이 비정상적이다. 자신이 원하는 것을 살 수 있는 돈을 바라지 않는 사람은 정상적이라고 볼 수 없다.

우리는 몸·마음·영혼의 충족과 발전이라는 삶의 3가지 동기를 위해 살아간다. 이 3가지는 더 우월한 것 없이 똑같이 중요하다. 몸과 마음, 영혼 어느 한 가지라도 충만하게 채워지지 않는다면 나머지도 온전할 수 없다. 영혼만을 위해 살면서 마음과 몸을 부정하는 것은 바람직하지도 않고 고귀한 것도 아니다. 마음만을 중시하면서 몸과 영혼을 부정하는 것 역시 옳은 것은 아니다. 마음과 영혼을 돌보지 않은 채 몸만 가꾸는 것도 끔찍한 결과를 초래한다는 것을 우리는 알고 있다. 진정한 삶이란 몸과 마음과 영혼을 통해 가능한 많은 것을 충분히 실현하는 것임을 알고 있다. 어떤 미사여구를 늘어놓더라도 몸이 제 기능을 다하지 못하면 진정한 행복을 느끼지 못한다. 마음과 영혼이 온전히 기능하지 못할 때도 마찬가지다. 욕망은 능력을 제대로 발휘하지 못하거나 자신의 가능성이 실현되지 못할 때는 충족될 수 없다. 욕망은 자신의 능력과 가능성을 구체적으로 실현할 때 충족되기 때문이다.

좋은 음식, 마음에 드는 옷, 안락한 집이 없거나 늘

과도한 노동에서 벗어나지 못하면 충만한 삶을 살 수 없다. 적절한 휴식과 흥미를 붙인 취미 역시 우리 몸에 꼭 필요하다.

책을 읽고 그 내용을 탐구할 시간이 없거나 여행의 기회나 다른 사람과 지적인 교류가 없다면 정신적으로 빈곤해지는 것이다.

정신이 풍요로운 삶을 살고 싶다면 지적 호기심을 채워주는 취미를 가지고, 사람들과 대화하고 주변을 감상하고 즐길 수 있는 예술품과 같은 아름다운 대상이 있어야 한다.

영혼이 충만한 삶은 사랑하며 살아야 이룰 수 있는데, 가난하면 사랑을 제대로 표현하기 어렵다. 사람은 사랑하는 이에게 사랑을 베풀 때 최고의 행복을 느낀다. 아끼고 배려하는 행위는 가장 자연스러운 사랑의 표현이다. 베풀 수 없는 사람은 배우자나 부모로서, 한 인간으로서 자기 역할을 다하지 못하는 것이다.

신체적으로 만족스럽고, 마음을 풍요롭게 발전시키며, 충만하게 영혼을 가꾸려면 물질적 자원이 있어야 한다. 그러니 우리에게 가장 필요하고 중요한 일은 부자가 되는 것이다.

부자가 되고 싶은 간절한 마음은 나쁜 것이 아니다. 누구나 부자가 되기를 원하고 부자가 되는 법에 관심을 쏟는 것은 지극히 당연하다. 부자가 되는 과학적 방법을 배우는 것은 가장 필요한 공부이기 때문이다. 이 공부를 등한시하면 스스로는 물론 신과 인류에 대한 가장 기본적인 직무를 유기하는 것이다. 자신의 삶을 최대한 충만하게 사는 것이야말로 자신과 신과 인류에게 최대한 봉사하는 길이기 때문이다.

2장

부자(富者)가 되는 과학적 방법

부자가 되는 과학적 방법은 있다. 부자의 과학은 수학처럼 정확하다. 부를 얻는 과정을 지배하는 특별한 법칙이 있고, 그 법칙을 배우고 따르면 누구나 수학적 계산의 결과처럼 한 치의 오차도 없이 부자가 된다.

돈은 특별한 방식으로 일해야만 생긴다. 어떻게 수행하든 특별한 방식을 따른 사람은 부자가 될 것이다. 하지만 아무리 열심히 노력하고 탁월한 능력이 있더라도 부자가 되는 과학적 방법, 특별한 방식을 따르지 않으면 가난에서 벗어나지 못한다. 이것은 동일한 원인에서 동일한 결과가 나오는 자연법칙이다.

이 말이 진실하다는 것은 다음의 간단한 예시에서 증명할 수 있다.

부자가 되는 것은 같은 환경의 문제가 아니다. 환경 때문에 부자가 된다면 특정 지역에 사는 사람들은 모두 부자가 되어야 한다. 어떤 도시 사람들은 모두 부자이고, 다른 지역에 사는 사람은 모두 가난해야 할 것이다. 또는 어떤 나라의 국민은 모두 부를 누리고, 다른 나라의 국민은 가난해야 할 것이다. 그러나 부자와 가난한 사람이 같은 환경에서 나란히 사는 것은 세계 어디에서나 볼 수 있다. 같은 직업에서도 부자와 가난한 사람을 흔하게 볼 수 있다. 같은 지역에 살고 같은 일을 하고 있지만, 한 사람은 부자이고 어떤 사람은 여전히 가난하다면 부자가 되는 것은 환경이 주요한 원인은 아니다. 어떤 환경이 다른 환경보다 더 좋을 수는 있지만 같은 일을 하는 사람이 같은 지역에 살고 있는데 부자와 가난한 사람으로 나뉘는 것은 부자가 되는 특별한 방식으로 삶을 실천한 결과임을 알 수 있다. 게 다가 재능이 있다고 해서 이 특별한 방식으로 일할 수 있는 것도 아니다. 뛰어난 재능에도 가난을 면치 못하는 사람이 있고, 재능은 많지 않아도 부자인 사람도 있기 때문이다.

부자가 된 사람들을 연구해보면 모든 면에서 평범한 사람들과 크게 다르지 않다는 것을 알 수 있다. 의외의 결과로 보일 수 있지만, 그들은 남들보다 특별히 뛰어난 재능이나 능력을 갖춘 사람들이 아니다. 다른 사람에게 없는 재능과 능력이 있어서가 아니라, 우연히 부자가 되는 특별한 방식으로 일했기 때문이다.

부자가 되는 것은 단순히 저축이나 절약의 결과 역시 아니다. 극도로 절약하면서 검소한 삶을 영위한 사람도 가난한 경우가 많으며 가진 돈을 마음껏 쓰면서도 부자인 사람도 많다. 다른 사람이 하지 못하는 일을 한다고 해서 부자가 되는 것도 아니다. 같은 분야에 종사하는 두 사람이 거의 똑같은 일을 한다고 해도 한 사람은 부자가 되고 다른 사람은 가난에서 벗어나지 못하거나 파산하는 경우도 있기 때문이다.

부자가 된다는 것은 특별한 방식을 따른 결과이며, 같은 원인은 늘 동일한 결과를 이끌어낸다. 그 특별한 방식에 따라 일하는 사람은 누구나 부자가 될 수 있다. 따라서 부자가 되는 것은 정확한 과학 법칙의 영역에 속한다.

혹시라도 이 특별한 방식이 너무 어려워서 소수의 사람만 실천할 수 있는 삶의 방식이라고 생각할 수 있다. 그러나 앞서 말한 대로 이것은 타고난 능력이나 재능과 연관되는 것은 아니다. 재능이 있는 사람도 부자가 되지만 재능이 부족한 사람도 부자가 된다. 똑똑하고 지식이 많은 사람도 부자가 되지만 어리석은 사람도 부자로 살 수 있다. 강한 체력을 가진 사람도 부자가 되지만 병약한 사람도 부자가 된다.

물론 어느 정도의 지적 능력은 필요하지만 타고난 재능이 없더라도 이 책을 읽고 이해할 정도의 지적 능력이 있다면 누구나 확실히 부자가 될 것이다.

앞서 부자가 되는 것은 환경 문제가 아니라고 했다. 물론 지리적 환경은 중요하다. 사하라 사막 한가운데서 사업하고 성공하기는 어려울 것이다. 돈을 벌고 부자가 되려면 사람을 잘 상대해야 하며, 그러려면 사람들이 많은 곳에서 성공할 확률이 높다. 당연히 당신이 원하는 방식대로 사람들이 거래하기를 쉬운 곳이라면 좋겠지만, 환경이 미치는 영향은 거기까지다.

당신이 사는 지역에서 누군가가 부자가 되었다면 당신도 부자가 될 수 있다. 당신과 같은 도시에서 누군가 부자가 될 수 있다면 당신 역시 부자가 될 수 있다.

다시 강조하자면 부자가 되는 것은 특정 사업이나 직업의 선택과는 관계가 없다. 어떤 직업, 어떤 업종에 종사하든 부자가 될 수 있다. 하지만 똑같은 일을 하는데도 가난에서 헤어나오지 못하는 사람을 볼 수 있을 것이다.

좋아하고 적성에 잘 맞는 일을 하면 좋은 성과를 낼 것이다. 그리고 숨은 노력이 깃든 재능이 있다면 그 재능을 발휘하는 직업에서 최고의 성과를 낼 것이다.

또한 지역 환경의 특성에 맞게 사업을 하면 최고의 성과를 낼 수 있을 것이다. 아이스크림 가게는 그린란

드보다는 더운 지방에서 장사가 더 잘될 것이며, 연어잡이는 플로리다보다는 노스웨스트에서 더 잘될 것이다.

하지만 이런 일반적인 제약을 제외하고 부자가 되는 것은 어떤 일에 종사하느냐의 문제가 아니라 어떤 특별한 방식으로 일하는 법을 배웠는가에 달려 있다. 같은 환경에서 같은 일을 하고 있는 어떤 사람은 돈을 많이 버는데, 나는 돈이 모이지 않는다면 나는 그 사람과 같은 방식으로 일하지 않고 있다는 반증이다.

자본이 없어서 부자가 되지 못하는 게 아니다. 물론 자본이 많다면 더 쉽고 빠르게 자산을 불릴 수 있겠지만 자본이 많은 사람은 이미 부자이므로 부자가 되는 고민은 따로 필요 없을 것이다. 가난해도 특별한 방식으로 일하기 시작한 당신은 부자가 되고 자본을 늘려갈 것이다.

자본의 축적은 부자가 되는 과정일 뿐이다. 특별한 방식으로 일할 때 반드시 따라오는 결과의 하나이다.

세상에서 가장 가난한 사람이어도 좋고 엄청난 빚

에 허덕이는 사람이어도 좋다. 도와줄 친구나, 사회적 영향력, 변변한 수완이 없어도 괜찮다. 특별한 방식으로 일하기 시작한다면 틀림없이 부자가 될 수 있다. 같은 원인은 같은 결과에 도달한다. 자본이 없다면 자본을 얻게 되고, 적성에 맞지 않는 일을 하고 있다면 잘 맞는 일을 하게 될 것이다. 입지가 안 좋은 지역에 살고 있다면 좋은 곳으로 옮기게 될 것이다. 지금 하는 일을, 지금 있는 곳에서 성공을 부르는 특별한 방식을 따라 실행하라. 그러면 당신도 돈과 성공을 움켜쥐게 된다.

3장

부자(富者)의 기회는 부족하지 않다

부자의 기회가 없어서 가난한 사람은 없다. 나 말고 다른 사람들이 부를 독점하는 울타리를 쳐서 부자가 되지 못하도록 막고 있는 것이 아니다. 전망이 유망한 분야에 참여하지는 못할 수 있지만, 늘 성공의 길은 열려 있다. 예를 들면 철도 산업처럼 거대한 분야에 뛰어들기는 어려울 것이다. 이미 많은 부분 독점 체제가 갖춰졌기 때문이다. 그러나 아직 초기 단계의 다양한 산업 분야에서는 기회가 널려 있다. 몇 년만 지나면 항공 운송도 거대 산업으로 성장할 것이고 이와 관련한 다양한 분야에서 수십 수백만 명의 일자리가 생겨날 것이다. 철도 재벌 제임스 힐이나 다른 철도 분야 거물들과 경쟁하는 대신 아직 초기 단계인 항공 운송 분야에 관심을 갖는 것이 더 효과적일 수 있다.

철강 회사에서 일하는 노동자는 자신이 일하는 공장과 회사의 주인이 될 가능성은 거의 없다. 하지만 특별한 방식으로 행동하기 시작하면 곧 철강 회사를 떠나 몇만 평 규모의 농장을 사서 식료품 생산자로 사업을 시작할 수 있다. 지금은 작은 땅을 구해 집중적으로 경작하는 사람에게 좋은 기회가 널려 있다. 그런 사람들은 분명 부자가 될 것이다. 당장 자기 땅을 갖는 것이 어려운 것은 사실이지만, 그렇다고 불가능한 것은 아니다. 특별한 방식으로 일한다면 반드시 농장을 얻을 수 있다.

시류에 따라 기회의 물결도 함께 나타난다. 사회 전체의 필요와 발전의 특정 단계에 따라 달라진다. 현재(1910년대) 미국에서는 농업 관련 산업과 직업에 기회의 물결이 흐르고 있다.

오늘날 부자의 기회는 공장의 생산 설비 앞에 서 있는 노동자보다 농부에게 더 많이 열려 있다. 그리고 공장 노동자를 상대로 하는 사업가보다 농부를 상대하는 사업가에게 더 많은 기회가 열려 있으며, 노동자 계급에 서비스를 제공하는 전문가보다 농부에게 서비스를 제공하는 전문가에게 더 많은 기회가 열려 있다.

이 거대한 흐름을 거스르지 않고 따라가는 사람만이 기회를 포착한다. 그러나 공장 노동자라고 해도 기회가 박탈된 상태가 아니다. 공장주에게 억압을 받는 것도 아니고 기업주에게 착취당하는 것도 아니다. 노동자 계급 전체가 그 상태를 벗어나지 못하는 것은 특별한 방식으로 일하지 않기 때문이다. 노동자들이 특별한 방식으로 일한다면 다른 나라의 노동자들처럼 협동조합 산업을 세울 수 있다. 노동자 출신의 관료를 뽑을 수도 있고, 협동조합 산업 발전에 유리한 법을 통과시킬 수도 있다. 몇 년 후에는 투쟁 없이 그 산업 분야를 장악할 수도 있다.

특별한 방식으로 일한다면 노동자 계급도 지배적인

위치에 설 수 있다. 부의 법칙은 누구에게나 똑같은 기회를 제공한다. 노동자 계급이 깨달아야 할 중요한 가치는 지금까지의 방식으로 일하는 한 현재 상태를 결코 벗어날 수 없다는 것이다. 많은 노동자 계급이 무지하고 게으른 성향을 보일 수는 있지만, 모든 노동자가 그런 것은 아니다. 어떤 노동자는 기회의 흐름을 타서 부자가 될 수 있다. 이 책은 그 방법을 알려줄 것이다.

부의 공급이나 기회가 부족해서 가난한 것은 아니다. 모든 사람이 부자가 되고도 남을 부는 충분하다.

미국에서 생산되는 건축 자재만 가지고도 전 세계 모든 가정에 워싱턴 국회의사당만큼의 큰 저택을 지을 수 있다. 미국 땅에서만 생산할 수 있는 면화와 양모로 최고 품질의 옷을 전 세계에 공급할 수 있으며, 모든 사람을 최고급으로 먹일 수 있을 만큼 식량을 공급할 수 있다.

눈에 보이는 자원도 매우 많지만, 눈에 보이지 않는 자원까지 생각하면 사실상 부의 고갈은 일어나지 않는다.

지구상에 존재하는 모든 자원은 하나의 근원 물질에서 나온 것으로 만들어진다. 새로운 것이 계속해서 생겨나고 낡은 것은 사라지지만, 그 모든 것은 하나의 근원 물질에서 나온다.

무형의 물질, 근원 물질은 계속 공급된다. 우주는 이 근원 물질로 이루어져 있지만, 우주를 만드는데 이 근원 물질을 다 사용하는 것은 아니다. 눈에 보이는 우주 내부와 그 사이의 공간은 무형의 근원 물질, 만물의 원료로 가득 차 있다. 지금까지 만들어진 것보다 몇만 배나 많은 양이 만들어진다고 해도 우주의 원료, 근원 물질은 고갈되지 않는다.

그래서 자연이 고갈되거나 모두에게 돌아갈 만큼 충분하지 않아서 사람들이 가난한 것은 아니다.

자연은 고갈되지 않는 부의 창고이기 때문에 절대 부족하지 않다. 근원 물질은 창조적 에너지로 만들어졌고, 끊임없이 더 많은 것으로 재생산된다. 예를 들면 현재의 건축 자재가 모두 고갈되는 시기가 오면 새로운 자재가 더 많이 만들어질 것이다. 토양이 황폐해져서 음식과 옷감의 재료를 만들 수 없다면 토양이 재생되거나 더 많은 토양이 생길 것이다.

땅에서 금과 은을 모두 캐냈는데도 우리 사회에 여전히 금과 은이 필요하다면 근원 물질로부터 더 많은 금과 은을 다시 발견하게 될 것이다. 무형의 근원 물질은 인간의 필요에 부응하기 때문에 우리가 부족하게 살도록 내버려 두지 않는다.

이것은 인류 전체를 바라보는 시각에서는 사실이다. 인류 전체는 늘 풍요로웠다. 개개인이 가난하다면 그것은 그들이 부자가 되는 특별한 방식을 따르지 않았기 때문이다.

무형의 근원 물질은 지적이며 생각하는 존재이다. 언제나 살아있고 생명을 확장하는 방향으로 나아간다.

생명을 가진 모든 것이 더 풍요로운 삶을 추구하는 것은 자연스럽고 고유한 본능이다. 자신을 확장하는 것은 지성의 본질이며, 경계를 넓히고 완전한 형태로 발현하는 것은 의식의 본질이기도 하다. 유형의 우주는 무형의 살아있는 근원 물질에 의해 만들어졌고, 근원 물질은 자신을 더 완전하게 표현하기 위해 유형의 형상을 취한다. 우주는 언제나 생명이 충만하고 더 완전하게 기능하는 방향으로 움직이는 거대한 살아있는 존재다.

생명의 발전을 위해서 자연은 만들어졌기 때문에 자연의 가장 중요한 동기는 생명의 확장이다. 이런 이유로 생명에 도움이 되는 모든 것을 풍족하게 제공한다. 신이 자신을 부정하고 자신이 한 일을 무력화하지 않는 한, 부족함은 없다.

부의 공급이 부족해서 가난한 것은 아니다. 특별한 방식으로 행동하고 생각하는 사람은 무형의 근원 물질조차도 통제할 수 있다. 이 사실을 지금부터 더 확실하게 증명하겠다.

4장

부자(富者)가 되는 과학의 첫 번째 원칙

인간의 '생각'은 무형의 실체로부터 유형의 부를 창출하는 유일한 힘이다. 만물을 만드는 근원 물질은 생각하는 존재이며, 이 물질이 생각하는 대로 형상이 만들어진다.

근원 물질은 자기 생각에 따라 움직인다. 자연에서 보이는 모든 형상과 과정은 근원 물질의 생각이 구체적으로 표현된 것이다. 무형의 물질이 어떤 형상을 생각하면 그 형상이 만들어지고, 어떤 움직임을 생각하면 그 움직임이 생겨난다. 이것이 만물의 창조 원리이다.

우리는 근원 물질이 생각으로 만들어낸 세계에 살고 있다. 그 세계는 생각하는 우주의 일부다. 근원 물질이 움직이는 우주에 관한 생각을 떠올리며 그 생각에 따라 행성계가 만들어졌고, 이후에도 그 형상을 유지하고 있다.

생각하는 물질이 운동하는 태양계와 행성을 생각하자 그대로 형상을 갖추었고 근원 물질이 생각하는 대로 움직이게 되었다. 근원 물질이 느리게 자라는 떡갈나무의 모습을 생각하면 수백 년이 걸릴지라도 그 생각에 따라 떡갈나무가 자란다. 무언가를 만들 때 무형 물질은 스스로 설정한 운동 과정에 따라 움직이는 것으로 보인다. 떡갈나무를 생각한다고 해서 곧바로 다 자란 떡갈나무가 갑자기 생겨나지는 않지만, 이미 확립된 성장 과정을 따라 나무를 생산할 힘들이 움직이기 시작한다.

생각하는 근원 물질에 어떤 생각이 각인되면 그 형상의 실제적인 창조로 이어진다. 그 형상은 일반적으로 이미 확립된 성장 과정이나 행동 방식을 따라간다.

우리가 어떤 구조의 집을 짓는다고 가정해 보자. 그 생각이 무형의 물질에 새겨진다고 해서 집이 즉각적으로 만들어지지는 않는다. 그러나 근원 물질은 이미 작용하는 창조 에너지를 특별한 방식으로 움직여서 생각했던 구조의 집을 빠르게 구현할 수 있을 것이다. 창조 에너지가 작용할 수 있는 기존 경로가 없다면 유기물이나 무기물이 형성되는 느린 과정을 거치지 않고 근원 물질에서 바로 집이 만들어질 것이다.

형상에 관한 생각을 무형의 근원 물질에 새겨야만 그 형상이 만들어질 수 있다.

인간은 생각하는 존재이며 스스로 생각을 일으킬 수 있다. 인간의 손이 만들어내는 모든 형상은 그 어떤 것이든 처음에는 생각 속에 존재하는 것이다. 생각해 보지 않았던 것은 어떤 형상으로든 만들 수 없다.

지금까지 사람들은 손을 이용해서 하는 일에만 노력을 기울였다. 이미 존재하는 것을 바꾸거나 개선하려고 노력했고 형태의 세계에서만 육체적인 노동을 해왔다. 무형의 물질에 자기 생각을 새겨서 새로운 형태를 만들려는 시도는 결코 해본 적이 없다.

사람이 어떤 형상에 관한 생각을 품고 자연으로부터 물질을 취해서 실제의 형상을 만들어낸다. 하지만 지금까지 인간은 무형의 지성과 협력하고 일하는 노력은 거의 해보지 않았다. 인간은 무형의 지성, '신이 하는 일을' 할 수 있으리라고는 생각조차 하지 못했다. 사람들은 육체노동을 통해 기존의 형상을 바꾸고 개선할 뿐, 자기 생각을 근원 물질에 전달함으로써 유형의 사물을 만들어내는 것에는 관심을 기울이지 않았다. 나는 인간이 무형의 물질과 교감하여 무언가를 창조할 수 있다면, 누구든지 그렇게 할 수 있다는 사실을 증명하고 그 경로도 보여주고자 한다. 먼저 3가지 명제를 제시하겠다.

나는 만물을 창조하는 무형의 근원 물질이나 실체가 있다고 생각한다. 눈에 보이는 수많은 사물은 그 근원 물질이 발현된 다른 형상일 뿐이다. 생물계와 무생물계를 이루는 모든 것은 형태만 다를 뿐 모두 같은 근원 물질에 나온 것이다. 그 물질은 생각하는 존재로 그 물질이 생각하는 대로 형상이 만들어진다. 근원 물질에 깃든 '생각'이 형상이 된다. 인간은 독창적인 생각을 할 수 있는 사고의 중심이다. 사람이 자기 생각을 스스로 사고하는 근원 물질에 전달할 수 있다면 자신이 생각한 것을 창조하거나 형상화할 수 있다. 다음과 같이 요약할 수 있다.

첫째, 모든 것의 근원이 되는 생각하는 물질이 있다. 이 물질은 원래의 상태로 우주 공간에 스며들어 침투하며 우주를 가득 채우고 있다.

둘째, 이 무형 물질에 생각이 깃들면 자신이 생각한 이미지를 형상으로 만들 수 있다.

셋째, 인간은 형상을 생각할 수 있다. 무형의 근원 물질에 그 생각을 각인하면 자신이 생각하는 사물을 창조할 수 있다.

위의 주장을 내가 생각하기에 경험적으로도 논리적으로도 증명할 수 있다.

형상과 생각의 관계를 거꾸로 따져보면 자연스럽게 하나의 생각하는 근원 물질이라고 할 수 있다. 그리고 이 생각하는 실체로부터 추론해보면 생각한 바를 만들어내는 인간의 힘에 이르게 된다. 그리고 실험을 통해 나는 이 추론이 사실임을 알게 되었다. 이것이 위 주장을 뒷받침하는 증거다.

이 책을 읽는 누군가가 여기서 말하는 대로 실행해서 부자가 된다면 이는 나의 주장이 사실임을 입증하는 것이다. 그리고 이 책에서 나온 대로 실천한 모든 사람이 부자가 된다면 실패하는 사람이 나올 때까지 내 주장은 확실한 진실이 된다. 이 과정은 틀리지 않을 것이다. 이 책에서 말한 대로 실천한다면 모든 사람이 부자가 될 것이기 때문이다.

당연하게도 특별한 방식으로 일하면 부자가 된다. 그러기 위해서는 먼저 특별한 방식으로 생각할 수 있어야 한다. 사람이 일하는 방식은 그 사람이 생각하는 방식과 직결되기 때문이다.

자신이 원하는 방식대로 일하고 싶다면 원하는 방

식으로 생각하는 능력을 키워야 한다. 이것이 부자가 되는 첫 번째 원칙이다.

원하는 대로 생각하는 것은 겉모습과는 상관없이 진실을 생각하는 것을 뜻한다.

사람은 누구나 자신이 원하는 대로 생각하는 능력, 즉 진실을 생각하는 능력을 타고난다. 하지만 겉으로 보이는 대로 생각하는 것보다 진실을 생각하는 것은 더 큰 노력이 필요하다. 우리는 눈에 보이는 대로 생각하기 쉽다. 겉으로 보이는 것에 현혹되지 않고 진실을 생각하는 것은 무척 힘든 일이다. 그 어떤 일보다도 에너지의 소모가 많다.

꾸준히 일관성을 견지하면서 생각하고 실천하는 것은 사람들 대부분이 싫어하는 일이다. 이는 세상에서 가장 힘든 일이기 때문이다. 진실이 겉으로 보이는 모습과 정반대일 때는 더 어렵고 힘든 일이 된다. 사람들은 세상 모든 것을 겉모습으로 판단하려는 경향이 있는데, 진실을 꿰뚫고 있어야만 이를 막을 수 있다.

실제로는 아프지 않은데 겉보기에 병들어 보인다고

해서 진실을 알아차리지 못하고 계속 자신이 병들었다고 생각하면 결국 몸에 병이 날 것이다.

가난은 없고 풍요로움만 있다는 진실을 깨닫지 못한 채 가난하다고만 여긴다면 마음은 가난으로 가득 채워질 것이다.

질병에 둘러싸여 있어도 건강을 생각하고, 가난한 가운데서도 부를 생각하려면 힘이 필요하다. 이 힘을 얻은 사람은 마음을 다스릴 수 있다. 그 사람은 운명을 정복할 수 있고, 원하는 것을 가질 수 있다.

이 힘은 모든 겉모습 뒤에 숨겨진 근본적인 진실을 이해해야만 얻을 수 있다. 그 진실이란 바로 '생각하는 근원 물질은 있으며, 세상 모든 것은 이 근원 물질에서 생겨난다'는 사실이다.

다음으로 이 근원 물질에 깃든 모든 생각은 형상이 되며 인간이 자기 생각을 그 물질에 각인시켜 눈에 보이는 구체적인 형상을 만들 수 있다는 진리를 이해해야 한다. 이 분명한 사실을 깨달으면 만들고 싶은 것을 창조할 수 있고, 갖고 싶은 것을 가질 수 있으며, 되고 싶은 존재가 될 수 있다. 이와 같은 사실을 받아들이면 모든 의심과 두려움이 사라진다. 부자가 되기 위한 첫 번째 단계에서 앞서 말한 3가지 기본 원칙을 의심 없이 믿어야 한다. 이 원칙은 아무리 강조해도 지나치지 않다. 이것은 일원론적 우주론이라고 말할 수 있다. 이 개념을 우리 마음속에 확실하게 자리 잡고 습관이 될 때까지 계속 생각하라. 이 개념을 반복해서 읽어라. 단어 하나하나를 마음에 새기고 완전히 믿음이 생길 때까지 깊이 생각하고 또 생각하라. 이 개념에 반대되는 주장에는 귀를 닫아라. 반대되는 개념을 가르치고 설교하는 교회나 강연은 가지 마라. 다른 생각을 가르치는 잡지나 책도 읽지 마라. 이 개념에 대한 믿음이 혼란스럽다면 지금까지의 모든 노력이 헛수고가 된다. 이 개념이 진짜 사실인지 의문을 품지 말고 어떻게 진실일 수 있는지 추측하지 마라. 믿고 받아들여라. 부자가 되는 과학적 방법은 이 진실을 완전히 받아들이는 데서 시작한다.

5장

생명은 풍요롭다

가난은 신의 뜻이라거나 가난해야 신을 제대로 섬길 수 있다는 것은 낡은 생각이며 이는 버려야 한다.

모든 만물 안에 존재하며, 우리 안에도 가지고 있는 지적 존재는 살아있는 물질이다. 의식이 있고 살아있는 존재는 다른 모든 생명체처럼 풍족한 삶을 살고 싶은 본능적인 욕구가 있다. 모든 생명체는 끊임없이 자신의 삶을 확장할 방법을 찾는다. 생명은 살아가는 그 과정 자체만으로도 성장하고 확장하기 때문이다.

땅에 떨어진 씨앗을 떠올려 보라. 씨앗은 싹을 틔우

고 자라기 시작하면 수백 개의 씨앗을 더 만들어낸다. 생명은 삶의 과정을 통해 스스로 개체 수를 늘려가며 끊임없이 증식한다. 계속 살아가려면 그렇게 할 수밖에 없다.

우리의 지성도 생명과 마찬가지로 끊임없이 성장한다. 우리가 발전시키는 생각은 계속해서 또 다른 생각으로 이어지며 의식은 확장된다. 새로운 사실을 배우면 이를 계기로 다른 새로운 사실을 배우게 되고, 이런 과정을 통해 지식은 계속 증가한다. 어떤 재능을 기르게 되면, 곧 다른 재능을 더 키우고 싶은 열망이 솟아난다. 자신을 표현하려는 생명의 본능적 충동에 따라 더 많이 알고 싶고, 더 많은 것을 하고 싶고, 더 나은 존재가 되기를 바라는 것이다.

더 많이 알고, 더 많이 움직이고, 더 나은 존재가 되기 위해서는 먼저 우리는 더 많은 것을 가져야 한다. 활용할 수 있는 자원이 많아야 하기 때문이다. 물질을 활용해야만 더 배우고, 행동하고, 더 나은 존재가 될 수 있으므로 더 나은 삶을 살기 위해서 우리는 부자가 되어야 한다.

부자가 되고 싶은 욕망은 한마디로 더 풍족한 삶을 추구하는 능력이다. 욕망이란 아직 드러내지 못한 가능성을 실행하려는 노력이다. 자신을 드러내려는 힘이 욕망을 불러일으킨다. 더 많은 돈을 갖고 싶은 마음은 생명을 키우는 원동력, 더 풍족하게 살려는 생명의 욕망이다.

살아있는 무형의 근원 물질도 모든 생명이 가진 이 고유의 법칙을 따른다. 더 나은 존재가 되려는 욕망으로 충만하고, 계속해서 다른 자원, 생명을 창조할 필요성을 느끼는 것이다.

지금 이 책을 읽는 당신에게는 성장을 원하는 물질이 있다. 그래서 활용할 수 있는 모든 자원을 갖기를 원한다. 신도 당신이 부자가 되기를 간절히 원한다. 활용할 수 있는 자원이 많아야 당신이라는 존재를 통해 신을 더 잘 표현할 수 있으므로 신은 당신이 부를 누리기를 원한다. 삶의 수단을 능숙하게 다룰 수 있다면, 신은 당신 안에서 더 풍족한 삶을 누릴 수 있다.

우주는 당신이 원하는 모든 것을 소유하기를 바란다.

자연은 당신의 계획이 이루어지기를 바란다.

세상 모든 것이 당신을 위해 존재한다. 이것은 진실이다.

그러나 반드시 기억해야 할 중요한 명제가 있다. 당신의 목적이 만물 안에 깃든 목적과 반드시 조화를 이루어야 한다.

단순히 관능적 만족과 쾌락이 아닌 진정한 삶을 추구해야 한다. 인생은 진정한 삶을 향해 수행하는 과정이다. 몸과 마음과 영혼의 기능을 균형을 맞춘 상태에서 실행해야만 진정한 삶을 누릴 수 있다.

배부른 돼지처럼 동물적 욕망을 충족하려고 부자가 되는 것은 진정한 삶이 아니다. 물론 육체적 기능을 수행하는 것 또한 삶의 한 부분이므로 필요하다. 신체가 필요로 하는 바를 정상적이고 건강하게 표출하지 못하면 온전한 삶을 영위할 수는 없다.

그리고 정신적 쾌락을 즐기고, 지식을 얻고, 야망을

충족시키기 위해서, 다른 사람보다 더 유명해지기 위해서 부자가 되려고 하지 마라. 이것도 당연한 삶의 일부이지만 지적 쾌락만을 좇으며 사는 사람은 부분적인 삶을 살 뿐 결코 자신의 운명에 만족하지 못한다. 다른 사람들의 이익을 위해서, 자신을 희생하여 인류를 구하기 위해서, 박애와 희생의 기쁨을 위해서 부자가 되려는 것도 바람직하지 않다. 영혼의 기쁨은 삶의 일부일 뿐, 삶의 다른 부분보다 더 낫거나 고귀한 것은 아니기 때문이다.

우리는 먹고, 마시고 즐기기 위해서 부자가 되길 원한다. 아름다운 것들로 주변을 채우고 먼 곳으로 여행도 가고, 영혼을 가꾸고, 지성을 기르고 인간을 사랑하고 친절을 베풀며 세상의 진리를 찾도록 돕는 일에 선한 영향력을 미치기 위해 부자가 되고 싶어 한다. 하지만 극단적 이타주의는 극단적 이기주의보다 더 좋지도 고귀하지도 않다.

신은 당신이 다른 사람을 위해 희생하기를 원하지 않는다. 다른 사람을 위한 희생이 신의 은총을 얻을 수 있다는 생각도 버려라. 그런 일은 결코 신이 원하는 바가 아니다.

신은 당신과 다른 사람을 위해 자신을 최대한 활용하기를 바란다. 자신을 최대한 활용하는 것이야말로 다른 어떤 것보다 남을 도울 수 있기 때문이다. 자신을 최대한 활용하려면 무엇보다 충분한 부를 소유해야 한다. 그래서 부를 획득하는 일을 최우선으로 여기고 최선을 다하는 것이 옳고 칭찬받는 것이다.

무형의 근원 물질의 욕망은 모두를 위한 것이며, 인류의 삶이 더 나아지는 방향으로만 움직인다는 사실을 기억하라. 근원 물질은 모든 존재 안에 똑같이 깃들어 있는 풍요와 생명을 추구하므로 그 어떤 이유에서도 삶이 빈곤해지는 방향으로 움직일 수 없다.

생각하는 물질은 당신을 위한 자원을 만들 것이다. 다른 사람이 가진 것을 빼앗아 당신에게 주는 것은 아니므로 경쟁하려는 생각은 버려라. 이미 만들어진 것을 두고 경쟁하는 것이 아니라 새로운 것을 창조해야 한다.

그래서 당신은 누군가로부터 아무것도 빼앗을 필요가 없다. 과도하게 흥정할 필요도 없다. 남을 속이거나 이용할 필요도 없다. 당신을 위해 일하는 사람에게 원래 받아야 할 몫보다 적게 줘서도 안 된다. 다른 사람의 재산을 탐내거나 눈독 들일 필요도 없다. 남이 가진 것을 빼앗지 않아도 당신은 그것을 가질 수 있다. 당신은 경쟁자가 아닌 창조자가 되어야 한다. 당신이 원하는 것을 얻으면 다른 사람들도 지금보다 더 많이 가지게 될 것이다.

내가 설명한 것과 반대의 방법으로 엄청난 부를 쌓은 사람들이 있다는 것을 알고 있다. 순전히 치열한 경쟁에서 특별한 능력을 발휘해서 엄청난 부자가 된 사람들이 있다. 이들은 자신도 모르는 사이에 성장 산업을 통한 인류의 전반적 발전이라는 근원 물질의 위대한 목적과 같은 방향성으로 연결됐다. 석유 재벌 록펠러, 강철왕 카네기, 금융 재벌 J.P.모건 같은 사람들은 자신도 모르는 사이에 신의 대리인이 되어 생산 산업을 체계화하고 정비했으며, 모든 사람의 삶의 질을 향상하는 데 크게 공헌했다. 이제 그들의 시대는 거의 막바지에 도달했다. 이들은 생산을 체계화했지만, 곧 유통을 체계화하게 될 수많은 다른 대리인에게 자리를 내주게 될 것이다.

이런 억만장자들은 선사시대의 거대한 파충류 같은 존재다. 진화 과정에서 필수 역할을 담당했지만, 그들은 만들어낸 그 힘 때문에 결국 사라지고 만다. 그들은 진정으로 부유한 적이 없다는 사실을 기억하라. 이 부류에 속한 사람들의 사생활을 속속들이 들여다보면 실제로는 비참하고 절망적으로 살았다는 것을 알 수 있다.

타인과의 경쟁을 통해 획득한 부는 결코 만족스럽지도 않고, 영원히 지속되는 것도 아니다. 오늘은 내 것이지만 내일은 다른 사람이 가져갈 수도 있는 부인 것이다.

과학적이고 확실한 방법으로 부자가 되려면 경쟁의식에서 완전히 벗어나야 한다. 부의 공급량은 한계가 있다는 생각은 결코 할 필요가 없다. 금융권 종사자를 비롯한 다른 사람들이 모든 돈을 독점하고 통제하고 있다는 생각이 드는 순간, 또는 그런 독점을 중단시키기 위한 법안을 통과시키기 위해 노력해야겠다는 생각을 하는 순간, 당신은 경쟁 심리에 빠지게 되고 창조를 발휘하는 노력은 일시에 사라지고 만다. 게다가 당신은 이미 시작한 창조의 움직임마저 억제하는 결과를 가져온다.

이 지구상에는 아직 빛을 보지 못한 엄청난 양의 금이 있다는 사실을 기억하라. 혹시 금이 없더라도 생각하는 물질이 당신이 원하는 것을 채우기 위해 더 많은 금을 만들어낼 것을 알아야 한다. 당장 내일 새로운 금광을 찾기 위해 수천 명이 필요하다 해도 당신이 간절히 원한다면 필요한 돈이 반드시 생겨난다는 사실을 기억하라.

눈에 보이는 부의 공급량에 신경 쓰지 말고 늘 무형의 근원 물질이 만드는 무한한 부를 생각하라. 당신이 그것을 빨리 받아들여 사용할수록 그 부가 빠르게 당신에게 다가온다. 누군가가 눈에 보이는 부를 독점한다고 해도 아무도 당신에게 다가올 부를 막지 못한다.

집을 짓기 위해 내가 먼저 서두르지 않으면 누군가가 집 지을 좋은 땅을 차지해버릴지도 모른다는 강박은 갖지 마라. 신탁회사나 거대 재벌을 걱정하거나 그들이 모든 땅을 차지할 것이라고 두려워하지 마라. 다른 사람에게 뒤처져서 당신이 원하는 것을 얻지 못할까 봐 전전긍긍하지 마라. 그런 일은 일어나지 않는다. 남이 가진 자원에서 가져오는 것이 아니라 무형의 근원 물질로부터 당신이 원하는 자원을 만들어내기 때문에 부의 공급은 무한하다. 다음의 원칙은 반드시 기억하라.

첫째, 모든 것의 근원이 되는 생각하는 물질이 있다. 이 물질은 원래의 상태로 우주 공간에 스며들어 침투하며 우주를 가득 채우고 있다.

둘째, 이 무형 물질에 생각이 깃들면 자신이 생각한 이미지를 형상으로 만들 수 있다.

셋째, 인간은 형상을 생각할 수 있다. 무형의 근원

물질에 그 생각을 각인하면 자신이 생각하는 사물을 창조할 수 있다.

6장

부(富)를 움켜쥐는 방법

앞서 언급했던 '부를 얻기 위해 지나치게 흥정할 필요가 없다'는 것은 당신이 흥정이나 거래를 아예 하지 말라는 뜻이 아니다. 다른 사람들을 부당하게 다룰 필요가 없다는 뜻이다. 공짜로 무언가를 얻으려고 애쓰지 않으며 모든 사람에게 받은 것 이상으로 돌려줘야 한다는 뜻이다.

모든 사람에게 당신이 받은 것보다 더 많은 현금 가치를 되돌려줄 수는 없지만, 상대로부터 받은 물건의 현금 가치보다 더 큰 사용 가치를 돌려줄 수는 있다. 이 책을 만드는 데 사용된 종이, 잉크와 여러 재료의 총비용은 당신이 낸 책값보다 현금 가치가 낮을 수 있다. 그러나 이 책에 담긴 메시지 덕분에 수천 달러를 벌게 된다면 이 책을 판 사람은 당신에게 적은 돈을 받고 엄청난 사용 가치를 준 셈이다.

문명 사회에서 수천 달러의 금전적 가치가 있는 위대한 화가의 작품을 가지고 있다고 상상해보라. 내가 그 작품을 북극으로 가져가 뛰어난 판매 수완을 동원해서 그곳에 있는 에스키모인에게 수천 달러 상당의 모피를 받고 판다면 그 에스키모인에게 잘못을 저지른 것이다. 북극에 사는 에스키모인들에게는 그 작품은 전혀 쓸모없기 때문이다.

하지만 내가 모피값으로 수백 달러 상당의 총을 주었다면 이것은 에스키모인에게는 좋은 거래이다. 북극의 에스키모인들은 총이 있으면 다양하게 활용할 수 있다. 더 많은 모피와 음식을 구할 수 있고, 그의 삶을 더 풍족하게 하고 부자로 만들어줄 것이다.

경쟁 단계를 벗어나 창조 단계로 올라서기 위해서

는 타인과 거래하는 방식을 면밀히 검토해야 한다. 당신이 판매하는 상품 중 고객에게 그 가격을 넘어서는 이득을 주지 못하는 상품이 있다면 그런 거래는 성공할 수 없다. 누군가를 이겨야만 사업을 할 수 있는 게 아니다. 남을 물리쳐야만 하는 사업을 하고 있다면 지금 당장 그 사업을 그만두라.

거래하는 모든 사람에게 당신이 받은 현금 가치보다 더 큰 사용 가치를 제공하라. 그렇게 하면 당신이 하는 사업이 다른 사람들의 삶을 이롭게 만들 것이다.

당신이 직원을 거느린 사업주라면 임금으로 나가는 돈보다 더 많은 현금 가치를 그들에게서 끌어내야 한다. 하지만 직원들이 회사의 성장에 맞춰 함께 발전할 수 있도록 도와야 한다. 이 책을 읽고 당신 성장의 도움을 얻듯이 직원들이 당신의 사업을 통해 성장하도록 만들어라. 그 사다리를 오르는 고생을 감수하는 모든 직원이 스스로 부자가 될 수 있어야 한다. 기회가 주어졌는데도 사다리를 오르지 않는다면 그것은 당신 잘못이 아니다.

덧붙여 한 가지 더 말하자면, 우리 주위에 가득한 무형 물질이 부를 만들어낸다고 해서 갑자기 당신 눈앞에 부가 나타나는 것은 아니다. 예를 들어 책상이 갖고 싶다고 지금 앉아 있는 책상이 불쑥 나타날 것을 기대하며, 생각하는 물질에 그 이미지를 각인시키라는 말은 아니다. 책상을 원한다면 마음속으로 그 이미지를 계속 그리면서 책상이 만들어지고 있거나 당신에게 오는 중이라고 확신하라. 일단 생각을 형성하면 절대 의심하지 말고 책상이 당신에게 오고 있다고 확신하라. 반드시 도착한다는 확신 외에는 다른 생각은 하지 마라. 책상이 이미 당신 것이라고 여겨라.

인간의 마음에 작용하는 절대 지성의 힘이 당신에게 책상을 보내줄 것이다. 당신이 뉴욕에 산다면 텍사스나 일본에 사는 누군가가 거래를 제안해서 당신이 원하는 것을 얻게 될 수도 있다. 그렇게 되면 이 모든 거래는 당신뿐 아니라 상대에게도 이득이 될 수 있다.

생각하는 근원 물질은 세상 만물에 깃들어 있어서 만물과 소통하며 영향을 미친다는 사실을 단 한 순간도 잊지 마라. 더 충만하고 더 나은 삶을 위해 생각하는 근원 물질의 열망이 이미 존재하는 모든 책상을 만들어왔다. 사람들이 열망과 믿음을 가지고 특정한 방식으로 행동해서 근원 물질을 작동시킨다면 수백만 개의 책상이 더 생길 수도 있다.

당신은 확실히 책상을 가질 수 있다. 그리고 당신 자신과 다른 사람의 삶을 나아지게 만드는 것이라면 원하는 그 어떤 것도 가질 수 있다. 더 많은 것을 바란다고 주저할 필요도 없다.

근원 물질은 당신이 가능한 한 많은 것을 실현하고, 가장 풍요로운 삶을 영위하는데 필요한 모든 것을 누리고 가지기를 원한다. 부를 소유하고 싶은 열망이 더욱 완전한 표현을 원하는 신의 열망과 하나라는 사실을 마음속에 새긴다면, 당신의 믿음은 흔들리지 않을 것이다.

언젠가 피아노 앞에 앉아 멋지게 연주하려는 소년을 본 적이 있다. 그 소년은 피아노 연주가 마음먹은 대로 되지 않아 몹시 슬퍼하고 속상해했다. 내가 그 소년에게 속상한 이유를 묻자 "마음속에는 음악을 느낄 수 있는데 손가락이 음악을 제대로 못 따라가요"라고 대답했다. 소년의 마음속에서 느끼는 그 음악은 삶의 모든 가능성을 담고 있고 근원 물질의 욕망이다. 음악으로 이루어진 모든 것이 어린 소년을 통해 표현되려는 순간이었다.

무형의 근원 물질, 예컨대 신은 인간을 통해 삶을 누리며 일한다. 신은 "나는 인간의 손을 빌려 장대한 건축물을 짓고, 거룩한 곡을 연주하고, 영광스러운 그림을 그리고자 한다. 인간의 다리를 빌려 내 심부름을 하게 하고, 인간의 눈으로 내 아름다움을 보게 하고, 인간의 혀로 위대한 진리를 말하고 아름다운 노래를 부르게 하고…"라고 말한다.

가능성이 있는 모든 것이 인간을 통해 표현할 길을 찾고 있다. 신은 곡을 연주할 수 있는 사람들이 피아노를 비롯한 다른 모든 악기를 가지고 자신의 재능을 최대한 키우기를 바라며, 아름다운 것들로 채우기를 원한다. 진리를 분별할 수 있는 사람들이 여행을 다니며 관찰할 기회를 얻기를 원한다. 옷을 고를 줄 아는 이들이 아름다운 옷을 입고, 미식가들이 호사스러운 음식을 맛보기를 원한다.

신이 이 모든 것을 원하는 이유는 그것을 즐기고 감상하는 주체가 바로 신 자신이기 때문이다. 연주하고 노래하고 아름다움을 즐기고 진리를 선포하며 멋진 옷을 입고 좋은 음식을 먹기를 원하는 주체는 신이다.

부자가 되고자 하는 열망은 무한하며, 신이 피아노 앞에 앉아 있던 어린 소년을 통해 자신을 표현하려고 했던 것처럼 신이 당신 안에서 자신을 표현하는 것이다. 그러므로 주저하지 말고 더 많은 것을 요청하라.

사람들은 대부분 신에게 간절히 요청하는 자리에서 머뭇거린다. 가난과 자기희생이 신을 기쁘게 한다는 낡은 생각에 붙들려 있다. 가난을 자연의 필수 요소이자 신의 계획이라고 여긴다. 그들은 신이 만들 수 있는 모든 것을 이미 다 만들어서 신의 일을 끝냈기 때문에 더 이상의 부의 공급이 충분하지 않다고 생각한다. 그래서 사람들은 가난하게 살아가는 것을 당연하게 여긴다. 이런 잘못된 생각에 지나치게 사로잡힌 나머지 부자가 되고 싶은 욕망을 부끄럽게 여긴다. 적당히 편안하게 사는 것 이상으로 많은 것을 바라지 않게 된다.

내가 만난 한 학생의 이야기를 들려주겠다. 나는 그에게 원하는 것이 무엇이든 마음속에 선명하게 그림으로 그려보라고 했다. 명확히 떠올려서 무형의 근원물질에 생각이 각인되고 창조로 이어지도록 했다. 그 학생은 가난해서 월셋집에 살면서 하루하루 겨우 먹고사는 처지였다. 그는 모든 부가 자신의 것이라는 사실을 결코 이해하지 못했다. 그래서 생각한 끝에 추운 방바닥에 깔 카펫과 최소한의 난방을 위한 난로 정도만 요청하기로 했다. 그 학생은 이 책에서 말한 내용을 그대로 따랐고 몇 달 만에 카펫과 난로를 모두 장만할 수 있었다. 그제야 그는 자신이 충분히 요구하지 않았다는 사실을 깨달았다. 그는 자기 집을 구석구석 살펴보면서 새로 장만하거나 고치고 싶은 부분을 모두 정리했다. 예를 들면, 새 돌출형 창을 달고 저곳에 방을 만들고, 이렇게 계획을 세우면서 자신이 가지고 싶은 집을 계속 상상했고 마침내 마음속에서 이상적인 집을 완성했다. 그 후에는 어떤 가구를 어디에 배치할지 계획했다.

전체 그림을 마음에 선명하게 그리고 그는 특정한 방법으로 살기 시작했고 원하는 바를 향해 나아갔다. 지금 그는 월세 들어 살던 집을 소유하게 되었고 마음속에 그리던 이미지대로 집을 수리하고 있다.

이제 그는 더 큰 믿음으로 더 많은 것을 얻게 될 것이다. 그는 믿은 만큼 받았다. 당신과 우리 모두 믿은 만큼 받게 될 것이다.

7장

고마움과 감사의 법칙

이제 부자가 되는 첫 단계는 당신이 원하는 것을 무형의 실체에 전달하는 것임을 알게 되었을 것이다. 이는 분명한 사실이며, 그렇게 하려면 무형의 지적 존재와 조화로운 관계를 맺어야 한다.

무형의 근원 물질과 조화로운 관계를 갖는 것은 부자가 되는 처음 출발이자 매우 중요한 문제이기 때문에 자세히 설명하겠다. 이 지침을 잘 따른다면 당신은 신과 완전히 한마음이 될 것이다.

마음을 가다듬고 신과 조화를 이루는 모든 과정을

요약하면 바로 '고마움'과 '감사'의 법칙이다.

첫째, 모든 것을 만들어내는 지적인 근원 물질이 있다고 믿어라.

둘째, 자신이 원하는 모든 것을 이 근원 물질이 가져다준다고 믿어라.

셋째, 깊이 고마워하고 감사의 마음으로 이 근원 물질과 자신을 연결하라.

다른 방면에서는 삶을 제대로 꾸려가면서도 감사하는 마음이 부족한 탓에 가난하게 살아가는 사람들이 많다. 신에게 선물을 하나 받았지만 감사하지 않아서 신과의 관계를 단절시키고 만다. 부의 근원에 더 가까이 갈수록 더 많은 부를 얻게 된다는 것은 쉽게 이해할 수 있다. 그리고 늘 감사하며 사는 사람이 그렇지 않은 사람보다 신과 더 가까운 곳에 있다는 점도 쉽게 이해가 된다.

좋은 일이 생길 때 신께 감사할수록 좋은 것들이 더

빨리 다가온다. 그 이유는 간단하다. 감사하는 마음이 우리 마음을 축복의 근원에 더 가까워지도록 이끌기 때문이다.

감사하는 마음이 우리의 온 마음을 우주의 창조 에너지와 더 긴밀한 조화를 이루게 한다는 말이 잘 믿기지 않는가? 곰곰이 생각해보라. 그 말이 진실임을 알게 될 것이다. 우리가 가진 좋은 것들은 특별한 법칙에 따라 행동한 결과로 우리에게 온 것이다. 감사하는 마음은 이런 좋은 것이 당신에게 다가올 길로 당신의 마음을 이끌어주며, 창조적 생각과 긴밀한 조화를 이루게 하여 경쟁하는 마음에 빠지지 않게 한다.

감사하는 마음이 있어야 신을 바라볼 수 있으며, 부의 공급량이 한정되어 있다는 잘못된 생각에 빠지지 않는다. 부가 제한되어 있다는 생각은 소망을 기원하는데 치명적인 단점이 된다. 이 세상에는 '고마움과 감사의 법칙'이 존재한다. 원하는 결과를 얻으려면 반드시 그 법칙을 따라야 한다.

감사의 법칙은 작용과 반작용이 항상 같은 힘으로,

서로 반대 방향으로 작용한다는 자연원리와 같다.

신에게 마음을 다해 고마움과 감사를 표현하면 에너지가 생긴가. 그 힘은 반드시 목표한 곳에 도달하며, 그 반작용으로 원하던 것이 즉시 당신에게 온다. "신을 가까이하라. 그리하면 신도 너희를 가까이하시리라." 이것은 심리학적으로도 입증된 사실이다.

감사하는 마음이 강하고 지속적이면 근원 물질의 반응 역시 강하고 지속적이다. 당신이 바라는 것들 역시 늘 당신을 향해 다가올 것이다. 감사하지 않으면 큰 힘을 발휘하기 어렵다. 감사하는 마음이 당신과 신을 연결해주기 때문이다.

감사하는 마음의 가치는 단지 미래에 더 많은 축복을 받는 데서 그치지 않는다. 감사하는 마음이 없다면 현재 처한 상황에 불만을 품지 않고 지내기 어렵다. 마음에 불만이 싹트게 놔두는 순간 실패의 길로 들어선다. 흔하고, 가난하고, 지저분하며, 인색한 것에 주의를 기울이다 보면 이러한 형상을 마음에 그리게 된다. 이런 형상이나 정신적 이미지는 무형의 근원 물질에 전달되어 결국 흔해 빠지고 가난하고 지저분하며 인색한 것들이 우리에게 다가온다.

마음속에 저급한 것을 허용하면 당신은 저열한 것들로 둘러싸이게 되고 결국 저급한 존재가 된다. 반면 최고의 것에 관심을 쏟으면 최고로 좋은 것들로 둘러싸이게 되고 당신 역시 최고가 된다. 우리 마음속의 창조적 힘은 우리가 관심을 쏟는 것의 이미지대로 우리의 모습을 만든다. 우리는 생각하는 존재이며, 생각하는 존재는 항상 자신이 생각하는 형상을 닮을 수밖에 없다.

감사하는 마음을 지닌 사람은 늘 최고의 것을 생각하므로 최고가 되는 경향이 있다. 최고의 모습과 성격을 갖추며 최고로 좋은 것을 받는다.

믿음 역시 감사하는 마음에서 생긴다. 감사하는 마음은 계속해서 좋은 것을 기대하며 그 기대는 믿음이 된다. 감사하며 그 반작용으로 믿음이 생겨나며, 감사의 물결이 계속 흘러넘쳐 믿음을 크게 한다. 감사할 줄 모르는 사람은 신념을 오래 유지할 수 없다. 그리고 다음 장에서 살펴보겠지만, 진정한 신념이 없는 사람은 창조적 방법으로 부자가 될 수 없다.

일어나는 모든 좋은 일에 감사하라. 습관을 들여 계속해서 감사를 표현해야 한다. 세상 모든 것이 당신의 성장에 기여하고 있으므로 존재하는 모든 것에 감사해야 한다.

재벌이나 거물 정치인의 단점과 허물을 이야기하느라 시간을 낭비하지 마라. 그들의 약점보다 강점이 무엇인지 살펴라. 신은 오늘날의 사회와 경제체제로 우리를 인도하기 위해 오랜 시간 매우 끈질기게 노력해왔으며 지금도 그 일을 하고 있다. 때가 되면 신이 타락한 재벌, 거물 정치인, 산업계의 리더들을 내칠 것은 의심의 여지가 없다. 하지만 그때까지는 그들 모두 필요한 존재다. 그들의 부가 당신에게 오는 길을 마련하는 데 도움을 주고 있음을 기억하고 감사하라. 이렇게 하면 당신은 만물 안에 있는 선함과 조화를 이룰 것이며, 만물 안에 있는 선이 당신을 찾을 것이다.

8장

특별한 방식으로 생각하라

앞서 6장 [부를 움켜쥐는 방법] 에서 자신이 꿈꾸던 집을 상상했던 학생 이야기를 상기해 보자. 부자가 되는 첫 단계가 무엇인지 어느 정도 알게 될 것이다. 원하는 목표를 명확하고 확실하게 마음속에 그리는 일이다. 당신의 마음속에 분명한 그림이 있어야만 그 생각을 근원 물질에 전달할 수 있다.

제대로 생각을 전달하려면 먼저 명확한 그림이 있어야 한다. 많은 사람이 자신이 진정으로 하고 싶은 것, 갖고 싶은 것, 되고 싶은 것이 무엇인지 잘 모른다.

그저 막연하게 생각하기 때문에 원하는 바를 생각하는 근원 물질에 제대로 각인시키지 못한다. 뭔가 '좋은 일'을 하고 싶어서 부자가 되겠다는 막연한 소망만으로는 충분치 않다. 그런 소망은 누구나 가지고 있지 않은가? 여행을 다니며 넓은 세상을 보고 더 충만하게 살고 싶다는 바람으로도 부족하다. 그런 바람 역시 누구에게나 있기 때문이다.

친구에게 편지를 쓴다고 생각해보라. 하고 싶은 말, 전하고 싶은 소식을 의미 있는 말을 선택하여 편지를 보낼 것이다. 당신의 바람을 근원 물질에 각인시킬 때도 일목요연하게 정리해서 보내야 한다는 사실을 기억하라. 당신이 원하는 것이 무엇인지 분명하게 알아야 한다. 모호한 소망이나 막연한 열망을 내보낸다면 결코 창조적 힘을 발휘할 수도, 부자가 될 수도 없다.

자신이 살고 싶은 집을 구체적으로 그렸던 그 학생처럼 당신도 원하는 바를 구체적으로 떠올려 보아야 한다.

목적지인 항구를 항상 염두에 두고 항해하는 선원처럼 명확한 목표와 그림을 늘 마음속에 두어야 한다.

언제나 원하는 것을 분명하게 직시하라. 키잡이와 나침반에서 눈을 떼지 않는 것처럼 당신도 그 그림에서 눈을 떼서는 안 된다.

그렇다고 집중하는 연습을 한다거나 특별히 시간을 내서 기도할 필요는 없다. 사색에 잠기거나 초자연적 의식을 치를 필요도 없다. 지금 가장 당신에게 필요한 것은 당신이 무엇을 원하는지 정확히 알고, 그것이 마음속에 단단히 새겨질 만큼 아주 간절히 원하고 또 원하는 것이다.

마음속의 목표와 원하는 그림을 그리는데 우리의 시간을 사용해야 한다. 자신이 정말 원하는 것이라면 마음을 집중하려고 훈련할 필요가 없다. 노력해야만 집중할 수 있다면 그것은 진실로 원하는 것이 아니기 때문이다.

간절히 부자가 되고 싶지 않다면, 예를 들어 부자가 되고자 하는 열망이 너무 강해서 자력이 나침반 바늘을 끌어당기듯 마음을 온통 그 목표에 빼앗길 정도가 아닌 한, 이 책에서 제시하는 지침들을 실행하려고 노력해도 크게 쓸모가 없을 것이다. 정신적 게으름이나 안이함을 극복할 만큼 부자가 되려는 열망이 매우 강해야만 효과를 얻을 수 있다.

원하는 바를 더 명확하고 구체적으로 그릴수록 그리고, 그 생각에 몰두해서 기분 좋은 세부 사항을 끄집어낼수록 당신의 열망은 더 강해질 것이다. 그리고 열망이 강해질수록 당신이 원하는 그림을 마음에 고정하기도 더 쉬워질 것이다.

그러나 단순히 원하는 바를 명확하게 하는 것 말고도 필요한 것이 있다. 그 정도에서 그친다면 그저 몽상가일 뿐 성취에 필요한 원동력은 발생하지 않는다.

명확한 마음속 그림 뒤에는 반드시 그것을 실현하고야 말겠다는 목표 의식, 강한 의지가 필요하다. 그리고 그 의지 뒤에는 이미 내 것이라는 흔들리지 않는 믿음이 있어야 한다. 그것은 이미 가까운 곳에 있으므로 움켜잡아야 한다.

바라던 집이 실제로 내 앞에 생길 때까지 마음속으로 새집에서 사는 모습을 상상하라. 마음속으로 원하는 것을 마음껏 즐겨라.

원하는 것이 실제로 주위에 항상 있는 것처럼 여겨야 한다. 이미 소유해서 사용하는 모습을 상상하라. 그 그림이 명확하고 분명해질 때까지 깊이 생각한 다음 그것들이 실제로 당신 소유라고 확실하게 믿어라. 이러한 태도를 계속 유지하고 그것이 진짜라는 믿음을 단 한 순간도 버리지 마라.

그리고 앞서 감사에 대해 말한 이야기를 기억하라. 바라던 것을 얻었을 때처럼 늘 감사하는 마음을 지녀라. 아직 상상 속에서만 가지고 있는 것들에 대해서도 신에게 진심으로 감사할 줄 아는 사람이야말로 진정한 마음을 가진 사람이다. 그런 사람은 반드시 부자가 될 것이다. 자신이 원하는 모든 것을 창조할 것이다.

원하는 것을 얻기 위해 반복해서 기도할 필요도 없다. 매일 신에게 말할 필요도 없다.

당신이 해야 할 일은 더 풍족한 삶을 사는 자신의 모습을 열망하고, 이러한 열망을 논리정연하게 정리하는 것이다. 그런 다음 원하는 것을 가져다줄 힘과 의지를 무형 물질에 당신의 열망을 각인하라.

일련의 문구를 반복해서 말한다고 각인되지는 않는다. 원하는 바를 이루겠다는 확고한 목표와 실제로 얻을 수 있다는 강한 믿음으로 마음속 그림을 굳게 지켜야 한다.

원하는 것을 입으로 말할 때의 믿음이 아니라 원하는 것을 얻기 위해 실제로 행동하는 믿음에 따라 기도에 대한 응답을 받을 수 있다.

원하는 바를 신에게 말하기 위해 특별한 안식일을 정해서 기도하고 뒤돌아서서 신을 잊어버린다면 창조주의 마음을 움직일 수 없다. 조용한 곳에서 기도하고 나서 다음 기도를 드릴 때까지 원하는 것을 마음속에서 완전히 잊어버린다면 신에게 감동을 줄 수는 없다.

간절한 목소리로 기도하는 것이 마음속 그림을 명확히 하고 믿음을 강화하는 데 효과가 있지만, 원하는 바를 실제 갖게 해주는 것은 말로 하는 기도가 아니다. 부자가 되기 위해서는 한 번의 특별한 기도가 아니라 쉬지 않고 하는 기도가 필요하다. 여기서 말하는 기도란, 확고한 마음속 그림과 그것을 실현하겠다는 목표, 그리고 지금 그렇게 하고 있다는 믿음을 갖는 것이다.

일단 마음속 그림을 확고하게 형성하면 이제 그것을 실현하는 것이 문제다. 마음속 그림을 만든 뒤에는 신에게 경건한 마음으로 소리 내어 기도하는 것도 나쁘지 않다. 그리고 그 순간부터 마음으로 구한 것을 이미 다 받았다고 여겨라. 새집에 살고, 좋은 옷을 입어라. 근사한 차를 타고 여행을 다니며, 자신 있게 더 멋진 여정을 계획하라. 요청한 것을 실제로 소유한 것처럼 생각하고 행동하라. 당신이 원하는 환경과 재정 상태를 상상하고 실제로 그렇게 될 때까지 그런 환경과 재정 상황을 갖춘 것처럼 행동하라. 그러나 몽상가나 공상가처럼 행동해서는 안 된다. 상상이 실현되고 있음을 굳게 믿고 상상을 반드시 실현하겠다는 강한 목표 의식을 가지고 행동해야 한다. 과학자와 몽상가를 확실하게 구별하는 것은 확고한 믿음과 목표라는 사실을 기억하라. 이 사실을 깨달았다면 이제 강한 의지를 제대로 사용하는 법을 배워 보자.

9장

당신의 의지를 사용하는 법

과학적 방법으로 부자가 되고 싶은가? 자기 자신 외에 다른 어떤 대상에도 의지력을 사용하려 해서도 안 된다. 당신의 의지를 사용해 당신이 원하는 대로 다른 사람이 행동하도록 하는 일은 옳지 않다. 누구도 그럴 권리는 없다.

정신적 힘으로 누군가에게 강요하는 것은 물리적 힘으로 타인을 강제하는 것만큼이나 잘못된 일이다. 물리적 힘으로 사람들을 강제해서 당신 뜻대로 일하게 하는 것이 상대방을 노예로 취급하는 행위라면 정신적 힘으로 강요하는 일도 마찬가지다. 단지 방법이 다를 뿐이다. 강제로 누군가의 물건을 빼앗는 것이 절도라면 정신적 힘으로 빼앗는 것 역시 절도라고 할 수 있다. 원칙적으로 아무런 차이가 없다.

'상대방의 이익을 위해서'라고 해도 다른 사람에게 내 의지를 강요할 권리는 없다. 무엇이 상대에게 이로운지 알 수 없기 때문이다. 부자가 되는 과학적 방법은 어떤 식으로든 다른 사람에게 권력이나 힘을 가하라고 요구하지 않는다. 그렇게 할 필요가 조금도 없기 때문이다. 실제로 다른 사람에게 당신의 뜻을 강요한다면 목표를 달성하지 못할 수 있다.

원하는 것을 당신에게 오게 하려고 그것에 의지를 적용할 필요는 없다. 그런 행동은 신에게 강요하는 행위인 만큼 어리석고 쓸모없는 짓이다.

아침 해가 뜨도록 의지를 사용할 필요가 있는가? 그럴 필요가 없듯이 신에게 좋은 것을 달라고 강요할 필요도 없다. 우호적이지 않은 신을 정복하거나 완고하고 반항적인 세력을 당신 뜻대로 움직이기 위해 의지력을 사용할 필요는 없다. 근원 물질은 당신에게 우호적이며 당신이 원하는 것을 얻고자 하는 마음보다 더 간절하게 그것을 당신에게 주고 싶어 한다.

부자가 되려면 의지력을 자신에게만 사용하면 된다.

무엇을 생각하고 무엇을 해야 할지 알게 되면, 올바른 생각을 하고 옳은 일에 의지를 사용해야 한다. 바로 이것이 원하는 것을 얻기 위해 당신의 의지를 적절하게 사용하는 방법이다. 특정한 방식으로 생각하고 행동하도록 당신을 붙들어주는 것에 의지를 사용하라. 당신의 의지나 생각, 마음을 우주에 투영해서 사물이나 다른 사람을 억지로 바꾸려 하지 마라.

마음을 편하게 가져라. 그래야만 더 많은 것을 성취할 수 있다.

당신이 원하는 이미지를 명확하게 그리기 위해 마음을 활용하라. 확고한 믿음과 목표를 가지고 마음속 목표와 그림에 집중하라. 그리고 의지를 사용해서 마음이 올바른 방향으로 나아가도록 하라. 믿음과 의지가 한결같고 확고할수록 더 빨리 부자가 될 수 있다.

근원 물질에 긍정적인 인상만 전달하며, 부정적인 인상으로 효과가 없어지거나 상쇄하지 않기 때문이다. 믿음과 목표 의식을 가지고 마음에 그린 당신의 열망은 무형의 근원 물질에 닿아 먼 우주 전체로 퍼져나간다.

열망이 온 우주에 퍼지면서 모든 것이 그 열망을 실현하기 위해 움직이기 시작한다. 생물과 무생물, 그리고 아직 창조되지 않은 것들은 당신이 원하는 것을 실현하기 위한 방향으로 움직인다. 온갖 힘이 그 방향으로 작용하며, 모든 것이 당신을 향해 움직이기 시작한다. 세상 사람들이 그 영향을 받아 당신의 열망을 실현하는 데 필요한 일을 하게 되고 무의식적으로도 당신을 위해 일한다.

하지만 무형의 근원 물질에 부정적 인상을 전달하면 이 모든 흐름에 제동이 걸릴 수 있다. 확고한 믿음과 목표가 당신을 향한 흐름을 만들어낸 것처럼 의심이나 불신은 당신에게서 멀어지는 흐름을 만들어낸다. 부자가 되기 위해 '정신과학'을 이용하고자 하는 사람들 대부분이 실패하는 이유는 바로 이 사실을 제대로 이해하지 못하기 때문이다. 의심과 두려움으로 시간을 낭비할 때, 걱정하면서 시간을 보낼 때, 불신에 사로잡혀 시간을 낭비하는 순간마다 지적인 근원 물질의 세상에서 멀어진다.

믿음이 무엇보다 중요하므로 마땅히 당신의 생각을 지켜야 한다. 믿음은 무엇을 관찰하고 생각하느냐에 따라 크게 영향받기 때문에 당신의 주의가 어디로 쏠리는지 세심하게 관리해야 한다. 이때 필요한 것이 의지다. 어디에 주의를 기울일지 결정하는 것이 의지이기 때문이다. 부자가 되고 싶은가? 그러면 가난을 생각해서는 안 된다. 내가 원하는 것과 반대인 것을 생각하면 원하는 것을 얻을 수 없다. 질병을 연구하고 생각한다고 해서 건강을 얻을 수는 없으며, 죄를 연구하고 생각한다고 해서 정의가 실현되지는 않는다. 마찬가지로 가난을 공부하고 생각하는 사람은 절대로 부자가 되지 못한다.

가난에 관해 이야기하지 마라. 가난을 조사하거나 신경 쓰지도 마라. 가난의 원인이 무엇이든 상관하지 마라. 당신은 가난과 아무런 관계가 없다. 당신이 신경 써야 할 것은 부자가 되는 방법이다.

자선 사업이나 자선 활동에 시간을 보내지 마라. 가난의 비참함을 없애고자 하는 활동이지만 오히려 가난의 비참함을 지속시키는 경향이 있다. 냉혹하거나 불친절해야 한다거나 도움을 요청하는 이들을 외면하라는 말이 아니다. 늘 해오던 진부한 방법으로는 빈곤을 근절하려고 해도 별 소용이 없다.

가난에 대한 상상을 뒤에 두라. 가난과 관련한 모든 것들을 말끔히 잊고 성공하라. 부자가 되면 그것이 가난한 사람을 돕는 최선의 길이다.

가난의 이미지가 마음속에 가득하면 부자가 되어 줄 부자의 이미지가 들어설 자리가 없다. 빈민가 거주자들의 비참함, 아동 노동의 끔찍함 등에 관해 설명하는 책과 뉴스를 읽지 마라. 마음을 결핍과 고통 같은 우울한 이미지로 채우는 그 어떤 것도 보지 마라. 그런 사실을 알아도 가난한 사람을 돕는 데 그다지 도움이 되지 않는다. 더욱이 그런 산만한 지식은 빈곤을 없애는 데 어떤 도움도 되지 않는다. 가난을 없애려면 빈곤의 이미지를 마음에 새기는 것이 아니라 가난한 이들의 마음에 부유함의 이미지를 심어야 한다. 가난한 이들의 비참함을 당신 마음에 새기지 않는다고 해서 그들의 고통을 외면하는 것이 아니다. 가난을 없애려면 가난에 대해 생각하는 부자의 수를 늘리는 것이 아니라 확고한 믿음으로 부자가 되려는 가난한 사람의 수를 늘려야 한다.

가난한 이들은 자선이 아닌 부에 대한 자극이 필요하다. 자선은 가난한 사람들이 여전히 비참하게 살면서 겨우 생활을 이어가도록 빵 몇 조각을 주거나 비참함을 한두 시간 잊게 해주는 오락거리를 줄 뿐이다. 하지만 부에 대한 자극은 그들이 비참함에서 스스로 일어나도록 돕니다. 가난한 이들을 돕고 싶다면 그들도 부자가 될 수 있음을 보여줘야 한다. 당신 자신이 부자가 되는 모습을 보여줌으로써 그 사실을 증명할 수 있다.

이 세상에서 가난을 추방할 수 있는 유일한 방법은

이 책에서 제시하는 원칙을 실천하는 사람의 수가 계속해서 늘어나는 것이다. 경쟁이 아닌 창조를 통해서 부자가 되는 법을 배워야 한다.

경쟁으로 부자가 된 사람들은 자신이 오른 사다리를 부숴버리고 다른 사람이 오르지 못하게 만든다. 하지만 창조로 부자가 된 사람은 수많은 사람이 자신을 따를 수 있게 길을 열어주고 격려한다.

가난을 불쌍히 여기지 않고, 가난에 대해 보고 읽고, 생각하거나 이야기하지 않고, 가난에 관해 이야기하는 사람들의 말을 듣지 않는다고 해서 냉혹하거나 무자비한 것이 아니다. 자신의 강한 의지를 사용해서 가난이라는 주제 대신, 확고한 믿음과 목표로 당신이 원하는 것에만 온전히 집중하라.

10장

당신의 의지를 강화하는 법

당신이 실재하는 것이든 상상의 것이든 부와 반대되는 생각에 주의를 기울이면 부자의 목표를 확실하게 유지하기 어렵다.

과거 돈 때문에 어려움을 겪은 적이 있더라도 그 일에 대해 언급하지도 말고 생각하지도 마라. 부모님이 가난했던 이야기나 힘들게 살았던 어린 시절에 대해서도 말하지 마라. 이런 것들을 말하는 그 시간에 심리적으로 가난한 사람과 같은 부류가 된다. 그것은 분명히 부의 흐름이 당신에게 오는 것을 방해한다.

가난 그리고 가난과 관련한 모든 것을 완전히 잊어라. 당신은 특정한 우주 이론이 옳다는 사실을 받아들였고 그것이 옳다는 데 모든 희망을 걸었다. 그렇다면 상반되는 이론에 눈길을 돌린다고 무엇을 얻을 수 있겠는가?

세상이 곧 멸망한다고 말하는 종교 서적을 읽지 마라. 세상이 지옥이 될 것이라고 헛소문을 퍼뜨리는 자와 비관론자의 글을 읽지 마라. 세상은 악마에게 가는 것이 아니라 신에게로 가고 있다. 세상은 경이로워지고 있다.

물론 세상에 불쾌한 일이 많은 것은 사실이다. 하지만 스쳐 지나갈 게 분명한 불쾌한 일들을 생각하는 것이 무슨 소용인가? 그런 것들에 대해서 아무리 생각하더라도 우리 곁에 더 머물게 할 뿐이다. 왜 진화론적 성장으로 인해 자연히 사라지는 것에 시간과 관심을 낭비하는가? 각자의 자리에서 맡은 역할에 충실함으로써 진화론적 성장을 촉진하면 불쾌한 것들이 사라지는 시간을 앞당길 수 있다.

세상이 부유해지는 것에 관심을 기울여라. 세상이 점점 더 풍요로워진다고 생각하라. 세상 전체가 부유해지도록 당신이 돕는 유일한 길은 경쟁 아닌 창조적 방법을 통해 당신 스스로 부자가 되는 것이다. 가난은 생각하지 말고 부에만 집중하라.

가난한 사람에 대해 생각하고 말할 때마다 그들이 곧 부자가 될 것처럼 생각하고 말하라. 불쌍하게 바라보기보다 축하해 주어야 할 사람이라고 여겨라. 그러면 그들뿐 아니라 다른 사람들도 영감을 얻어 가난에서 벗어날 길을 찾기 시작할 것이다.

모든 시간과 마음과 생각을 부자가 되는 데 쏟으라고 했지만, 비도덕적이거나 야비한 사람이 되라는 말은 결코 아니다. 진정한 부자가 된다는 것은 인생에서 성취할 수 있는 가장 고귀한 목표다. 그 안에 다른 모든 것이 포함되어 있기 때문이다.

경쟁하는 마음을 지니면 부자가 되기 위한 투쟁이 다른 사람을 밟고 올라서야 하는 치열한 쟁탈전이 되지만, 창조의 마음을 지니면 이 모든 것이 바뀐다.

위대함, 영혼의 자유, 봉사와 고매한 노력이라고 할 만한 모든 것은 부자가 되어야만 당신에게 온다. 자원을 활용해야 이 모든 것을 해낼 수 있기 때문이다.

몸이 건강하지 않은 사람이 건강해지기 위해서는 먼저 부자가 되어야 한다는 사실을 알게 될 것이다. 돈 걱정 없이, 편안하고 위생적인 생활을 할 수 있는 사람만이 건강을 되찾고 유지할 수 있기 때문이다.

생존을 위해 경쟁하지 않는 사람만이 도덕적, 정신적으로 위대해질 수 있다. 창조적 방법으로 부자가 된 사람들만이 경쟁이 가져오는 굴욕적인 영향에서 벗어날 수 있다. 가정의 행복을 원한다면, 고상하고 높은 수준의 사고를 하라. 비도덕적인 영향이 없는 곳에서 사랑이 가장 활짝 꽃피운다는 점을 기억하라. 이런 특징은 투쟁이나 경쟁이 아니라 창조적 사고를 실천해서 부를 일구었을 때만 얻을 수 있다.

다시 강조하자면, 부자가 되는 것만큼 위대하고 고귀한 목표는 없다. 그러니 마음속에 부유함을 그리는 데 집중하라. 당신의 시야를 흐리게 하는 모든 것을 멀리하라.

모든 것에 내재한 진실을 보는 법을 배워야 한다. 겉으로 보기에 좋지 않은 모든 상황에서도 위대한 생명이 더 충만하게 자신을 발현하면 완전한 행복을 향해 계속 나아가고 있음을 볼 수 있어야 한다. 그 진실이란 이 세상에 가난은 존재하지 않으며 오직 부만 있을 뿐이라는 것이다.

사람들 대부분은 이 세상에 자신을 위한 부가 있다는 사실을 몰라서 가난을 벗어나지 못한다. 그들에게 진실을 가장 잘 알려주는 방법은 당신이 풍요롭게 사는 모습을 보여주는 것이다.

가난에서 빠져나갈 길이 있다고 느끼면서도 정신적으로 게으른 나머지 그 길을 찾는 노력을 기울이지 않아서 가난한 사람들도 있다. 그들을 위해 당신이 할 수 있는 최선은 정당하게 부자가 되는 데서 오는 행복을 보여줌으로써 부자가 되고 싶은 열망을 그들 마음속에 불러일으키는 것이다.

과학적 개념을 가지고 있지만, 형이상학적이고 초

자연적 이론의 미로에 휩쓸려 방향을 잃고 어느 길을 택해야 할지 몰라서 가난한 사람들도 있다. 그들은 여러 방법을 시도하지만, 번번이 실패한다. 가장 효과적인 방법은 당신이 올바른 경로로 부자가 되는 모습을 보여주는 것이다. 말하는 것보다 실제로 보여주는 것이 더 효과적이다.

이 세상을 위해 할 수 있는 최선은 바로 자신을 최대한 활용하는 것이다. 당신이 부자가 되는 것이야말로 가장 효과적으로 신과 인류에 봉사하는 방법이다. 단, 경쟁이 아닌 창조의 방법으로 부자가 되어야 한다.

그리고 여기서는 부자가 되는 과학적 원칙을 자세히 알려주고 있다. 과학적 원칙은 단순하며 명쾌하다. 이 책의 내용 이외에 다른 경로로 부자가 되는 방법은 지금은 생각하지 않아도 된다. 다른 방법을 생각하게 되면 과학적 원칙에 대한 의심이 생기고 확신이 사라지면 의지는 흔들린다. 그 순간 실패하기 시작한다.

성공해서 부자가 된 후에는 다른 시스템을 공부해도 된다. 하지만 원하는 것을 얻었다고 확신할 때까지는 서문에서 언급한 헤겔, 에머슨 같은 저자의 책 외에 다른 책은 읽지 않아도 된다. 뉴스를 접할 때도 마음속에 그린 이미지와 조화를 이루는 긍정적인 소식만 읽어라.

또한 초자연주의에 관한 연구도 미뤄두라. 신비주의와 심령술 따위나 그 비슷한 주제에 조금이라도 관심을 기울이지 마라. 죽은 자들이 여전히 남아서 머물고 있을지도 모른다. 우리는 죽은 이들을 도울 수 없으며 그들이 우리를 도울 수 있는지도 알 수 없다. 설사 그렇다 해도 우리에게 그들을 간섭할 권리는 없다.

죽은 이들은 그들 세계에 있도록 두고, 당신의 문제를 해결하라. 부자가 되는 당신의 목표와 문제에 집중하라. 초자연주의는 당신의 정신에 혼란과 동요를 일으켜 희망을 꺾을 것이다.

앞서 말한 기본 원칙을 다시 정리해보자.

첫째, 모든 것의 근원이 되는 생각하는 물질이 있다. 이 물질은 원래의 상태로 우주 공간에 스며들어 침투하며 우주를 가득 채우고 있다.

둘째, 이 무형 물질에 생각이 깃들면 자신이 생각한 이미지를 형상으로 만들 수 있다.

셋째, 인간은 형상을 생각할 수 있다. 무형의 근원 물질에 그 생각을 각인하면 자신이 생각하는 사물을 창조할 수 있다.

이를 위해서는 경쟁심에서 벗어나 창조적인 마음을 가져야 한다. 마음속으로 원하는 바를 명확하게 그리고 확고한 믿음과 목표를 새겨야 한다. 원하는 것을 반드시 얻겠다는 믿음과 목표를 흔들리게 하거나 마음속 믿음을 약화시킬 수 있는 모든 것을 철저히 차단해야 한다.

11장

특별한 방식으로 행동하라

생각은 창조하는 힘의 원천이다. 특별한 방식으로 생각하면 부자가 될 수 있다. 하지만 행동하지 않고 생각만 해서는 부자가 될 수 없다. 예컨대 과학철학 사상가들이 생각에만 의존해서, 생각을 행동으로 옮기는 데 실패하면서 많은 실험들이 좌초하고 만다.

우리 인간은 자연적 발생 과정이나 인간의 손을 거치지 않고 무형의 근원 물질에서 직접 무언가를 창조하는 발전 단계에는 아직 도달하지 못했다. 즉 생각과 함께 행동이 뒤따라야 한다.

생각만으로 깊은 땅속에 있는 금이 당신 주머니에 저절로 들어올 수는 없다.

신의 추진력으로 사람들에게 일이 배분되면 이 세상 누군가는 금을 채굴하고 누군가는 거래하면서 결국 당신에게 금이 오게 될 것이다. 금이 당신에게 왔을 때 제대로 받을 수 있도록 일을 잘 정리하고 준비해두어야 한다. 생각은 당신이 원하는 것을 가져다주기 위해 생물과 무생물을 비롯한 만물을 일하게 한다. 바라던 것이 당신에게 왔을 때 마땅히 받을 수 있도록 올바르게 행동해야 한다. 훔쳐서도 안 된다. 모든 사람에게 현금 가치보다 더 큰 사용 가치를 돌려주어야 한다.

생각을 과학적으로 활용하려면 마음속으로 원하는 바에 대해 명확하고 구체적인 이미지를 그려야 한다. 그리고 그것을 쟁취하겠다는 확고한 목표를 굳게 다지고 실제로 얻게 된다는 진리를 깨달아야 한다.

원하는 바를 이루기 위해 생각을 비밀스럽거나 초자연적인 방법으로 투영하려 하지 마라. 그것은 시간을 낭비할 뿐만 아니라 온전하게 생각하는 힘을 약하게 한다.

부자가 되는 데 생각의 역할은 이미 충분히 설명했다. 확고한 믿음과 목표로 당신이 원하는 생각을 무형물질에 새겨야 한다. 이 무형 물질은 당신을 포함한 많은 생명이 번성하길 바라는 열망을 지니고 있다. 무형물질에 생각이 각인되면 모든 창조적 힘이 규칙적인 행동 경로를 통해 발휘되어 결국 당신을 향하게 된다.

이 창조 과정을 인도하고 감독하는 것은 당신 몫이 아니다. 당신은 마음속 그림과 목표를 굳게 지키며, 확고한 믿음과 감사하는 마음만 잃지 않으면 된다. 그리고 원하던 것이 당신에게 왔을 때 자기 것으로 만들 수 있도록 특별한 방식으로 행동해야 한다.

이 말이 옳다는 사실은 쉽게 알 수 있다. 원하던 것이 온 순간 다른 사람 손에 있다면 상대방은 당신에게 그에 대한 대가를 요구할 것이다. 상대방은 대가를 받은 다음에 당신에게 줄 것이다.

당신의 주머니는 열심히 일하지 않아도 항상 돈이 가득한 마법의 지갑이 아니다.

부자가 되는 과학적 방법에서 핵심은 생각과 행동이 연결되는 것이다. 의식적이든 무의식적이든 계속해서 강한 열망으로 창조적 힘을 발휘해서 행동으로 옮기는데도 가난에서 벗어나지 못하는 사람이 많다. 원하는 것이 다가왔을 때 그것을 받을 준비가 되어 있지 않기 때문이다.

생각은 원하는 것을 당신에게 오게 할 수 있지만, 그것을 받으려면 당신은 행동해야만 한다. 분명한 사실은 당신이 지금 행동해야 한다는 것이다. 과거로 돌아가 행동할 수는 없다. 마음속 그림을 선명하게 유지하려면 마음에서 과거를 말끔히 지워야 한다. 아직 오지 않은 미래에 행동할 수도 없다. 어떤 사건이 발생했을 때 당신이 무슨 행동을 하게 될지는 실제 그 일이 일어나기 전에는 알 수 없다.

지금 하는 일이 당신과 맞지 않거나, 혹은 환경이 좋지 않다고 해서 맞는 일을 찾고 적합한 환경이 될 때까지 행동을 미뤄야 한다는 생각은 하지 마라. 언제 닥칠지 모르는 위급한 사태를 위한 최선의 행동을 생각하느라 시간을 낭비하지도 마라. 어떤 비상사태가 닥치더라도 당신에게는 대처할 능력이 있다고 믿어라. 마음이 현재에 있지 않고 미래에 가 있으면 현재 어떤 행동을 해도 마음과 행동이 일치하지 않아서 아무런 효과가 없다.

지금, 당신의 행동에 온 마음을 쏟아라.

창조적 자극을 근원 물질에 전달한 뒤에 결과를 기다리기만 해서는 안 된다. 결코 원하는 바를 얻지 못한다. 지금 바로 행동하라. 지금이 아니면 시간이 없고 앞으로도 그럴 것이다. 원하는 것을 얻을 수 있게 준비하려면 지금 바로 행동을 시작해야 한다.

어떤 행동을 하든 현재 하는 사업이나 일, 환경과 관련된 사람과 사물에 관한 것이라야 한다. 현재 서 있는 곳이 아닌 다른 곳에서 행동할 수는 없다. 과거나 미래에 있을 곳에서는 행동할 수 없다. 오직 지금, 당신이 있는 곳에서만 행동할 수 있다.

어제 일이 잘되었는지 잘못되었는지 고민하지 말고 오직, 오늘 할 일을 제대로 해야 한다. 내일 일을 지금

하려고 하지 마라. 내일이 되면 그 일을 할 시간이 충분히 있다.

당신이 통제할 수 없는 사람이나 사물에 초자연적이거나 미신적인 방법으로 영향을 미치려 해서는 안 된다.

환경이 바뀐 다음 행동하려고 기다리지 마라. 행동으로 환경을 바꿔야 한다. 지금 당신이 있는 환경에서도 바꿀 수 있으며 더 나은 환경으로 이동할 수도 있다.

확고한 믿음과 목표를 가지고 더 나은 환경 속에 있는 당신의 모습을 생생하게 그려보라. 하지만 온 마음으로 힘과 뜻을 다해 현재의 환경 안에서 행동하라.

공상이나 망상에 빠져 시간을 낭비하지 마라. 원하는 단 하나의 그림에 집중하면서 바로 지금 그 자리에서 행동하면 된다.

부자가 되기 위해 뭔가 이상하고 색다르거나 놀랄 만한 방법을 찾거나 행동하려고 하지 마라. 적어도 당분간은 당신이 그동안 해왔던 행동을 똑같이 할 가능성이 크다. 하지만 이제는 특별한 방식으로 행동하는 법을 배워라. 이 방법을 실천한다면 틀림없이 당신은 부자가 될 것이다.

지금 하는 일이 당신과 맞지 않는가? 내키지 않는 일이라고 해서 행동하지 않고, 적성에 맞는 일이 생길 때까지 기다리면 안 된다. 맞지 않는 일을 한다고 낙담하거나 주저앉아 한탄하지 마라. 지금 맞지 않는 일을 한다고 해서 앞으로도 계속 그렇다든가, 맞는 일을 찾지 못하는 것은 아니다. 잘못된 사업에 뛰어들었다고 해서 앞으로도 원하는 사업을 하지 못하게 된다는 법은 없다.

당신에게 잘 맞는 일이나 사업을 하는 모습을 마음속에 생생하게 그리고, 그 일을 찾겠다는 흔들림 없는 목표를 갖고, 그 일을 반드시 하게 되리라는 믿음을 가져라. 하지만 현재 있는 자리에서 행동하라. 지금 하고 있는 일을 더 나은 일을 하기 위한 수단으로, 현재의 환경을 더 나은 환경을 얻기 위한 발판으로 활용하라. 당신에게 맞는 사업에 대한 비전을 간직하고 확고한 믿음과 목표를 가진다면 신이 그 일을 당신에게 가져다줄 것이다. 그리고 특별한 방식으로 행동하면 당신도 그 사업을 향해 다가가게 될 것이다.

지금 어떤 회사에 소속되어 월급을 받는 직장인인데 원하는 목표를 성취하기 위해 다른 직장으로 옮겨야 한다고 느낀다면, 그 생각을 우주에 투영하는 것만으로 다른 직업을 얻을 수 있다고 생각하지 마라. 그것은 실패할 것이다. 원하는 일을 하는 자신의 모습을 상상하고 현재 자리에서 확고한 믿음과 목표를 가지고 행동해라. 그러면 반드시 원하는 일자리를 얻을 것이다. 마음속 그림과 확고한 믿음은 창조적 힘을 움직여 원하는 직장으로 당신을 데려간다.

앞서 강조했던 부자가 되는 원칙을 다시 되새기고, '행동'의 원칙을 보강해 보자.

첫째, 모든 것의 근원이 되는 생각하는 물질이 있다. 이 물질은 원래의 상태로 우주 공간에 스며들어 침투하며 우주를 가득 채우고 있다.

둘째, 이 무형 물질에 생각이 깃들면 자신이 생각한

이미지를 형상으로 만들 수 있다.

셋째, 인간은 형상을 생각할 수 있다. 무형의 근원 물질에 그 생각을 각인하면 자신이 생각하는 사물을 창조할 수 있다.

넷째, 원하는 것을 얻으려면, 현재 처한 환경에서 주변에 있는 사물과 사람들을 향해 바로 지금 행동해야 한다.

12장

효과적인 행동의 법칙

지금까지 내가 설명한 원칙과 내용을 명심하라. 당신의 생각을 그것에 맞추어 행동하라. 지금 현재 당신이 서 있는 곳에서 할 수 있는 일을 실천하라. 지금 있는 곳에서 할 수 있는 일에 전력을 다하는 것이 최선이다.

사람은 자신의 현재 위치에서 능력을 발휘할 수 있어야만 발전할 수 있다. 현재 자신이 맡은 일을 제대로 하지 않으면서 더 나은 자리로 올라설 수 없다. 이 세상은 자기 할 일을 제대로 하고, 그 이상을 하는 사람들의 노력으로 발전하고 있다.

만약 현재 자기 자리에 충실한 사람이 아무도 없다면 세상 모든 것은 퇴행할 것이다. 자신이 맡은 일조차 제대로 못하는 사람은 사회, 정부, 교역, 산업에 무거운 짐이 되고, 다른 사람들의 노력과 비용에 의존할 수밖에 없다. 세상의 진보가 늦어지는 것도 현재 자신의 위치에 충실하지 못한 사람들 때문이다. 이런 사람들은 시대에 뒤떨어지고 삶의 낮은 단계에 속해 있으며 퇴보하는 경향이 있다. 사회 구성원 각각이 현재 자신의 직분에 충실하지 않으면 사회는 발전할 수 없다. 사회의 발전은 물리적·정신적 발전의 법칙을 따르기 때문이다.

동물의 세계에서 진화가 일어나는 것은 왕성한 생명력 때문이다. 하나의 생명체가 자신의 현재 단계에서 표현할 수 있는 기능보다 더 많은 생명력을 가졌을 때 그 생명체는 더 높은 수준의 기관을 발달시킨다. 그 과정에서 새로운 종種이 탄생한다. 만약 자신의 능력을 넘어서 그 이상을 표현하는 생명체가 없었다면 새로운 종은 탄생할 수 없었을 것이다.

이 법칙은 인간 사회에도 똑같이 적용된다. 부자가 되려면 이 법칙을 당신의 삶에 적용해야 한다.

우리의 매일매일은 성공하거나 실패한 날 중의 하나이며, 원하는 바를 이룬 날은 성공한 날이다. 매일 실패의 연속이라면 절대 부자가 될 수 없지만, 날마다 성공한다면 반드시 부자가 될 것이다.

오늘 할 수 있는 일, 해야 하는 일을 하지 않는다면 그 일은 실패한 것이다. 그 결과는 당신이 생각한 것보다 훨씬 더 비참할 수 있다.

아주 사소한 행동이라도 어떤 결과를 가져올지 아무도 예측할 수 없다. 이처럼 우리를 대신해 움직이는 모든 힘이 어떤 식으로 작용할지도 알 수 없다. 당신이 하는 사소한 행동 하나에 많은 것이 달라질 수 있다. 바로 그 행동이 아주 커다란 가능성으로 들어가는 기회의 문을 열 수도 있다. 절대 지성이 우리를 위해 이 세상에 얼마나 많은 미래의 기회를 숨겨 두었는지 우리가 지금은 알 수 없다. 작은 일에 실패하거나 소홀히 임한다면, 우리가 원하는 것을 얻는 데 오랜 시간이 더 필요할 것이다.

날마다 그날 할 수 있는 모든 일에 최선을 다하라. 한 가지 유의할 점은 짧은 시간에 최대한 많은 일을 하려고 과로하거나 맹목적으로만 일하지 않는 것이다. 예를 들어, 내일 해야 할 일을 오늘 다 마치려 하거나 일주일 치 일을 하루에 끝내려고 성급하게 일하지 마라. 여기서 명심해야 할 것이 바로 효과적인 행동의 법칙이다. 중요한 것은 일의 양이 아니라 행동의 효율성, 일의 효과이다.

모든 행동은 그 자체로 성공하거나 실패이다. 또한 모든 행동은 그 자체로 효율적이거나 비효율적이다.

효율적이지 못한 행동은 모두 실패이며, 평생을 비효율적으로 행동하며 보낸다면 당신은 실패한 인생을 걷게 된다.

당신이 하는 모든 행동이 비효율적이라면 일을 많이 할수록 상황은 더욱 악화될 것이다. 반면에 모든 효율적인 행동은 그 자체로 효과적이고 성공적이다. 늘 효율적으로 행동한다면 당신은 반드시 성공한 인생을 살 것이다.

실패하는 이유는 비효율적인 방식으로 너무 많은 일을 하고 효율적인 방식으로 충분히 일하지 않기 때문이다. 비효율적인 행동을 하지 않고 효율적인 행동을 많이 하는 사람만이 부자가 될 수 있다. 지금 당신이 하는 각각의 행동을 효율적으로 할 수 있다면, 부를 얻는 것이 수학처럼 정확한 과학임을 다시 알게 될 것이다.

그렇다면 어떻게 개별적인 행동을 언제나 효율적인 방식으로 효과를 이뤄낼 수 있는가? 당신은 분명히 그렇게 할 수 있다. 절대적 힘이 당신과 함께하며, 그 힘은 실패하는 법이 없기 때문이다. 우리는 그 힘을 마음껏 사용할 수 있다. 각각의 행동을 효과적으로 하기 위해서는 단지 그 힘을 행동에 집중하기만 하면 된다.

모든 행동은 강력하거나 약하거나 둘 중 하나이다. 모든 행동이 강력하다면 당신은 부자가 되는 특별한 방식으로 행동한 결과이다.

당신의 행동을 강력하고 효과적인 결과로 이끌려

면, 그 행동을 하는 동안 마음속 그림을 명확하게 하고 확고한 믿음과 목표를 가지고 당신이 가진 모든 힘을 집중해야 한다.

마음과 행동이 따로 노는 사람은 바로 이 지점에서 실패한다. 이들은 마음의 힘과 행동이 일치되지 않는다. 그래서 행동의 많은 부분이 비효율적이고, 결국 성공하지 못한다. 그러나 모든 행동에 절대적 힘을 사용한다면 아무리 작은 일에서도 각각의 행동은 성공하게 된다. 하나의 성공이 또 다른 성공의 길을 열어주듯이 당신이 원하는 일에서의 성공은 더 빨리 다가온다.

성공적인 행동의 결과는 당신의 인생에 축적된다는 단순한 사실을 기억하라. 충만한 삶에 대한 열망은 만물에 내재해 있고, 우리가 더 충만한 삶을 향해 나아가면 더 많은 것들이 우리에게 다가오고 그 열망의 영향력은 더욱 커진다.

날마다 그날 할 수 있는 모든 일에 최선을 다하라. 그리고 반드시 효율적인 방식으로, 효과적인 결과를 이끌도록 행동하라.

아무리 사소하고 평범한 일을 할지라도 일하는 동안 마음속 그림에 집중해야 한다. 이 말은 마음속 그림의 아주 작은 세부 사항까지 항상 명확하게 해야 한다는 의미는 아니다. 여가 시간을 활용해서 그림의 상세한 부분을 상상으로 마음속에 그리면 된다. 빠른 결과를 원한다면 당신의 여가 시간에 상상의 그림을 그리는 훈련을 할 수 있다.

반복적인 훈련을 통해서 당신은 원하는 것에 대한 그림이 아주 세밀한 부분까지도 마음에 새길 수 있을 것이다. 무형의 근원 물질에 완전하게 전달할 수 있다. 그렇게 되면 일하는 동안 마음속으로 이미지를 떠올리기만 해도 확고한 믿음과 목표가 자극받아 최선의 노력을 기울이게 된다.

마음속 그림을 집중적으로 생각해서 당신의 의식을 가득 채워라. 장래의 밝은 약속으로 들뜬 당신은 그것을 생각만 해도 강한 에너지를 발산할 수 있다.

이번 장에서 강조한 내용을 추가해서 우리의 원칙을 다시 한번 정리해보자.

첫째, 모든 것의 근원이 되는 생각하는 물질이 있다. 이 물질은 원래의 상태로 우주 공간에 스며들어 침투하며 우주를 가득 채우고 있다.

둘째, 이 무형 물질에 생각이 깃들면 자신이 생각한 이미지를 형상으로 만들 수 있다.

셋째, 인간은 형상을 생각할 수 있다. 무형의 근원 물질에 그 생각을 각인하면 자신이 생각하는 사물을 창조할 수 있다.

그리고 경쟁의식에서 벗어나 창조적인 마음을 가져야 한다. 마음속으로 원하는 바를 명확하게 그림 그리고, 확고한 믿음과 목표로 그 그림을 마음속에 채워야 한다. 날마다 할 수 있는 모든 일에 최선을 다하되, 효과적인 결과를 끌어내야 한다.

13장

적절한 비즈니스로 시작하라

당신이 어떤 분야에서든 성공하려면 그 분야에 필요한 능력을 갖추고 훈련해야 한다.

뛰어난 음악의 재능 없이 누구도 음악계에서 성공할 수 없고, 특별한 기술 없이는 기계 업종에서 성공을 거둘 수 없다. 장사에 대한 기본적인 이해나 통찰 없이 상업 분야에서 성공하기 어렵다. 그러나 특정 직업에 필요한 능력을 잘 갖추고 있다고 해서 반드시 부자가 되는 것은 아니다. 뛰어난 재능을 가졌으나 여전히 가난한 음악가들이 있고 특별한 기술을 가지고 있으나 부자가 되지 못한 엔지니어들도 많다. 사람을 다루는 능력이 탁월한데도 실패하는 상인도 있다.

각각의 능력은 도구다. 좋은 도구를 갖추는 것도 중요하지만, 도구를 올바르게 사용하는 것이 훨씬 더 중요하다. 어떤 사람은 기본적인 목수의 연장을 가지고 품질이 우수한 가구를 만들 수 있지만, 같은 연장을 가지고 형편없는 가구를 만들어낸다. 좋은 도구를 제대로 사용하는 법을 모르기 때문이다.

우리가 갖춘 다양한 능력은 부자가 되기 위한 일에 필요한 도구와 같다. 자신이 가진 능력을 발휘할 수 있는 곳에서 일한다면 성공할 확률이 높아진다. 일반적으로 자신의 가장 뛰어난 재능을 사용하는 분야, 타고난 재능이 있는 분야에서 가장 좋은 성과를 거둘 수 있다. 그러나 이 말에도 한계가 있다. 타고난 재능이 있는 직업에만 종사해야 하는 것은 아니기 때문이다.

당신은 어느 분야에서도 부자가 될 수 있다. 그 분야에 적합한 재능이 없다면 계발하면 된다. 타고난 재능의 경계에 자신을 가두는 대신 당신의 도구를 만들어

가면 된다. 물론 탁월한 재능을 갖춘 분야에 뛰어드는 것이 훨씬 성공하기 쉽겠지만, 당신이 마음먹기에 따라서 어떤 분야에서도 성공할 수 있다. 재능이 부족하면 누구나 노력하면 기를 수 있다. 사람은 어떤 재능이든 최소한의 씨앗은 가지고 있기 때문이다.

자신에게 적합한 일을 하면 가장 쉽게 부를 얻을 수 있다. 하지만 더 중요한 것이 있다. 재능과 능력에 앞서 하고 싶은 일을 해야 가장 만족스럽게 부자가 될 수 있다. 하고 싶은 일을 하며 사는 게 우리의 인생이다. 하기 싫은 일을 억지로 계속해야 하고, 하고 싶은 일을 절대로 할 수 없다면 그런 삶에서 어떻게 만족과 행복을 느낄 수 있겠는가? 간절히 하고 싶은 일이라면 언제가 결국 할 수 있다는 것은 확실하다. 하고자 하는 열망 그 자체가 그 일을 할 수 있는 힘이 있다는 증거다.

열망은 힘이 있다는 사실을 보여준다. 예를 들어 음악에 대한 열망이 표출되면, 발전을 추구하고 음악을 연주할 수 있는 힘이 생겨난다. 기계장치를 발명하겠다는 열망은 기술적 재능으로 이어지고, 이 재능은 밖으로 표출되고 더 발전하고 싶은 힘이 생겨난다.

능력이 미숙하든 뛰어나든 어떤 일을 할 힘이 없다면 그 일에 대한 열망도 전혀 생기지 않는다. 어떤 일을 하겠다는 열망이 강하다면 그것을 해낼 능력이 충분히 있다는 확실한 증거이며, 이를 올바른 방법으로 개발하고 사용하면 된다.

다른 조건이 모두 같다면 자신이 가장 뛰어난 재능을 보이는 분야를 선택하고 일을 찾는 것이 최선이다. 하지만 어떤 특정한 일을 하고 싶다는 열망이 강하다면 그 일을 당신의 궁극적 목표로 선택해야 한다.

당신은 얼마든지 하고 싶은 일을 할 수 있다. 적성에 가장 잘 맞으면서 즐거운 일을 하는 것은 당신의 권리이자 특권이다. 당신에게 맞는 적절한 비즈니스 분야에서 시작하라. 하고 싶지 않은 일을 억지로 해야 할 의무는 없다. 원하는 일을 하기 위한 수단인 경우를 제외하면 하고 싶지 않은 일을 해서는 안 된다.

과거에 저지른 실수로 원하지 않는 일을 한다거나 바람직하지 않은 환경에 처했다면 당분간은 싫더라도 그 일을 해야 할지도 모른다. 하지만 그 일이 앞으로 원하는 직업을 얻기 위한 하나의 과정이라고 생각하면 그 일을 즐겁게 할 수 있을 것이다.

현재의 직장이나 직업이 마음에 들지 않는다고 해도 성급하게 바꾸려고 하지 마라. 일반적으로 직업이나 환경을 바꾸는 가장 좋은 방법은 성장이다. 서서히 성장하면서 변화를 추구하는 것이 바람직하다.

하지만 기회가 생겨 신중히 고민한 끝에 기회가 적절하다고 판단될 때는 갑작스러운 변화를 두려워하지 마라. 다만 그 결정이 현명한 것인지 의심이 들 때는 성급하게 행동하지 않도록 하라. 창조적인 일에는 결코 서두를 필요가 없다. 기회는 얼마든지 있기 때문이다.

경쟁의식에서 벗어나면 성급하게 행동할 필요가 없다는 사실을 알게 된다. 당신이 원하는 것을 이루지 못하게 방해할 사람은 아무도 없다. 모두에게 충분한 기회는 늘 있다. 만약 한 자리가 사라지면 다른 자리, 더 좋은 자리가 생길 것이다. 시간은 충분하다. 의심이 든다면 기다려라. 시간은 충분하다. 마음속 그림을 되새기고 확고한 믿음과 목표를 떠올려라. 그리고 의심이 들고 망설여진다면 감사하고 고마워하는 마음을 더 키워라.

원하는 것을 상상하고 그 그림을 떠올리면 진심으로 당신은 감사의 법칙을 되새기게 될 것이다. 신과 당신의 마음은 연결되기 때문에 행동할 때 실수하지 않을 것이다.

모든 것을 아는 정신은 존재한다. 당신이 깊이 감사하는 마음을 지니고, 발전하려는 확고한 믿음과 목표가 있다면 그 존재와 가까워질 수 있다.

우리는 성급하게 행동하거나, 두려워하거나 의심할 때, 모두에게 기회가 있다는 동기를 잃어버렸을 때 실수한다.

특별한 방법으로 나아간다면 더 많은 기회가 당신에게 다가올 것이다. 믿음과 목표를 굳건히 하고 경건한 감사로 신의 마음과 긴밀한 관계를 유지해야 한다.

날마다 할 수 있는 모든 것을 완벽하게 하라. 걱정하

거나 두려워하지 마라. 빨리 목표를 달성하되 성급하게 서두르면 안 된다. 서두르는 순간 창조의 마음이 아닌 경쟁의식이 싹튼다. 그러며 다시 예전의 경쟁을 위한 경기장으로 후퇴해야 한다.

스스로 서두른다고 느낄 때마다 잠시 자신을 멈춰 세워야 한다. 마음속 원하는 그림에 집중하고 그것을 이미 실행하고 있는 자신에게 감사하라. 감사를 연습하다 보면 분명히 믿음이 강해지고 목표의식도 새로워진다.

14장

성장을 위한 열망

직업을 바꾸든 바꾸지 않든 현재 당신의 행동은 몸담고 있는 직업의 분야와 관련된 것이라야 한다.

현재 직업을 건설적으로 활용해서 특별한 방식으로 일상의 업무를 수행함으로써 당신은 원하는 직업을 얻을 수 있다. 현재 당신이 하는 일이 누군가를 직접 만나거나, 전화나 이메일 등으로 다른 사람들을 상대하는 직업이라면 상대방에게 그들이 성장한다는 인상을 심어주어야 한다. 성장은 모든 사람이 추구하는 가치다. 우리 안에 무형의 지성이 완벽하게 자신을 표현하고픈 욕망이다.

성장에 대한 욕망은 모든 자연에 내재한 우주의 근본 성향이다. 인간이 하는 모든 활동은 성장 욕구에 기반을 두고 있다. 사람들은 더 많은 음식과 옷과 좋은 집과 더 아름다운 보석, 더 다양한 지식과 더 많은 즐거움을 추구하는 더 풍요로운 삶을 원한다.

살아있는 모든 것은 이처럼 지속적인 발전이 필요하다. 성장을 멈추는 순간 소멸과 죽음이 시작된다.

우리는 본능적으로 이 사실을 깨닫고 있어서 늘 더 많은 것을 추구한다. 성경에서 예수는 달란트의 비유를 들어 이 끝없는 성장의 법칙을 설명했다. "있는 자가 더 받아 풍족하게 되고, 없는 자는 그 있는 것까지 빼앗기리라." 부자가 되려는 보편적인 열망은 악하다고 비난받을 일이 아니다. 다만 더 풍족한 삶에 대한 욕망과 성장에 대한 열망일 뿐이다. 게다가 이것은 인간의 가장 근본적인 본능이기 때문에 모든 사람은 자신에게 더 나은 삶의 수단을 제공하는 사람에게 저절로 끌리게 된다.

이 책에서 설명하는 특별한 방식을 따르면 계속해서 성장할 수 있으며, 당신이 상대하는 모든 사람의 성장 역시 도울 수 있다.

당신은 모든 사람에게 성장을 전하는 창조의 중심이 될 수 있다. 이 사실에 대한 확신을 갖고 만나는 모든 사람에게 그 확신을 전하라. 아이들에게 사탕 한 봉지를 파는 일처럼 사소한 거래일지라도 성장에 관한 생각을 담아라. 그리고 반드시 고객이 그것을 느끼도록 하라.

모든 사람이 당신을 발전하는 사람이라고 여기며, 당신을 만나는 사람 역시 모두 성장한다고 생각할 수 있도록 당신이 하는 모든 일에 성장의 생각을 담아라. 꼭 사업이나 일이 아니더라도 일상적으로 만나는 사람들에게도 성장의 생각을 전하라.

스스로 성장하고 있다는 굳건한 믿음은 당신의 모든 행동에 영감을 주고, 행동에도 드러나게 하며 주변 사람들에게도 전해진다. 자신은 성장하는 사람이며 다른 사람들도 성장할 수 있게 돕는다는 확고한 신념을 가지고 모든 일에 최선을 다하라.

부자가 되고 있다고 느껴라. 그렇게 함으로써 다른 사람들도 풍요롭게 하고, 그들에게 이로움을 준다고 생각하라.

당신의 성공을 남들에게 자랑하듯이 말할 필요는 없다. 진정한 믿음을 지닌 사람은 절대 잘난 체하지 않는다. 자랑하고 잘난 체하는 사람은 남몰래 의심하고 두려워하는 사람이다. 그저 확고하게 믿고 그 믿음을 모든 거래에 적용하라. 모든 행동과 말투, 표정에서 당신이 부자가 되어가는 중이며 이미 부자라는 사실을 조용히 드러내라. 이런 느낌을 전달하는 데는 많은 말이 필요하지 않다. 사람들은 당신을 만나면 성장한다는 느낌을 받을 것이고 그러면 당신에게 끌릴 것이다.

사람들에게 당신을 만나면 자신도 성장하고 풍요로워질 것이라는 인상을 주고 느끼게 하라. 상대방에게 받은 현금 가치보다 더 큰 사용 가치를 돌려주라. 자부심을 느끼며 그렇게 행동하라. 만일 당신이 사업을 한다면 고객이 끊임없이 올 것이다. 사람들은 성장을 경험한 곳으로 모인다. 모든 존재가 성장하기를 바라고, 모든 것을 아는 신이 당신에 대해 들어본 적도 없는 사람들을 당신에게 인도할 것이기 때문이다. 사업은 급속도로 번창할 것이고 당신은 예상치 못한 수익에 놀라게 될 것이다. 나날이 사업 규모가 커지고 더 많은 수익을 손에 넣고, 원한다며 더 좋아하는 일을 찾을 것이다.

분명한 점은 이 모든 것을 실행할 때 원하는 것에 대한 명확한 그림, 원하는 것을 얻겠다는 변함없는 믿음과 목표를 놓쳐서는 안 된다. 동기부여에 관한 주의 사항을 한 가지 말하겠다. 남을 지배하려는 교활한 유혹을 조심하는 것이다. 성숙하지 못한 사람은 다른 사람을 짓밟고 권력이나 지배력을 행사할 때 즐거움을 느낀다. 이기적인 만족감을 위해 남을 지배하려는 욕망은 재앙을 일으킨다. 오랜 세월 동안 군주들은 자신의 영토를 확장하기 위해 전쟁을 벌이고 세상을 피로 물들였다. 이는 모두를 위해 더 많은 생명을 추구하는 것이 아니라 자신을 위해 더 많은 권력을 얻기 위해서였다.

오늘날 재계와 산업계의 주요 동기도 마찬가지다. 엄청난 자금을 동원해서 다른 사람을 지배하기 위한 쟁탈전을 벌이며 수백만 명의 삶과 영혼을 짓밟는다. 기업가들도 과거에 통치했던 왕들처럼 권력이라는 욕망에 사로잡혀 있다.

권력을 추구하고, 뭐든 마음대로 하려 하며, 대중보다 우월한 사람으로 올라서고 싶고, 호화로운 모습을 보이고 싶은 유혹을 경계하라.

다른 사람을 지배하려는 마음은 경쟁하는 마음이다. 경쟁 심리는 창조적인 마음이 아니다. 당신의 환경과 운명을 다스리려고 다른 사람을 다스릴 필요는 없다. 높은 자리를 차지하려고 세속적인 투쟁에 뛰어드는 순간 당신은 운명과 환경의 주인이 아니라 노예가 된다. 그러면 부자가 되는 것은 순전히 우연과 달갑지 않은 행운에 따라 결정된다.

경쟁심을 조심하라! 새뮤엘 존슨이 즐겨 말했던 '황금률'은 창조 행동의 원칙을 잘 보여준다.

"무엇이든지 남에게 대접받고자 하는 대로 너희도 남을 대접하라."

15장

성장하는 인간,
발전하는 사람

앞서 언급했던 '당신이 가진 발전하는 생각을 만나는 모든 사람에게 성장하는 느낌으로 전하라'는 내용은 장사하는 사람뿐만 아니라 전문직이나 월급쟁이에게도 똑같이 적용된다. 의사든, 교사든, 성직자든 상관없이 다른 사람들이 성장하도록 돕고 상대방도 그 사실을 깨닫게 할 수 있다면, 사람들은 당신에게 끌릴 것이고 당신은 부자가 되는 길에 들어설 수 있다. 훌륭하고 성공적인 치료자가 되겠다는 꿈을 가진 의사가 앞서 설명한 내용처럼 확고한 믿음과 목표로 그 꿈을 온전히 실현하기 위해 매진한다면, 경이로운 성공을 거둘 것이다.

이 책이 가르침을 제대로 실행에 옮길 수 있는 직업 중의 하나가 의사다. 세부 분야가 뭐든 상관없이 치유의 원칙은 모두에게 공통으로 적용되며 모두가 도달할 수 있기 때문이다. 성장하는 의료인이 성공하겠다는 분명한 이미지를 마음속에 그리고 믿음, 목표, 감사의 법칙을 따른다면 어떤 환자든 치료할 수 있다.

종교 분야에서도 세상은 풍족한 삶을 살게 하는 진정한 과학을 가르칠 수 있는 성직자를 간절히 찾고 있다. 부자가 되는 과학, 건강해지는 과학, 사랑받는 법의 자세한 내용을 깨닫고 강단에서 이런 내용을 구체적으로 가르치는 사람은 늘 신도들로 북적댈 것이다. 이것이야말로 세상에 필요한 복음이다. 사람들은 기뻐서 귀를 기울이며 이를 전해준 사람에게 아낌없는 지지를 보낼 것이다. 이제 필요한 것은 강단에서 삶의 과학을 입증하는 것이다. 우리는 방법을 알려줄 뿐만 아니라 그 방법을 몸소 실천해 보여줄 수 있는 설교자를 원한다. 스스로 부자이면서 건강하고 훌륭하고 사랑을 받으면서 그 과정을 직접 보여줄 사람을 원할 것이다. 그런 사람이 나타나면 수많은 사람이 그를 따를 것이다.

발전하는 삶에 대한 믿음과 목표를 아이들에게 심어줄 수 있는 교사도 마찬가지다. 그런 교사는 절대 직장을 잃는 일이 없을 것이다. 그리고 이러한 믿음과 목표를 가진 교사라면 제자들에게도 믿음과 목표를 전해줄 것이다.

이는 교사, 성직자, 의사와 마찬가지로 변호사, 부동산 중개인, 보험 대리인 등 모든 직업에 해당한다.

앞에서 설명한 대로 생각과 행동이 결합하면 결코 실패하지 않는다. 그 가르침을 꾸준히, 참을성 있게 따르는 사람은 모두 부자가 될 것이다. 생명의 성장 법칙은 중력의 법칙처럼 정확하다. 부자가 되는 것은 정밀한 과학이다.

월급을 받는 직장인 역시 위에서 말한 다른 직종의 사례와 마찬가지다. 승진할 기회가 눈앞에 보이지 않고, 월급은 적고 생활비가 비싼 지역에서 일한다고 해서 부자가 될 기회가 없다고 생각하지 마라. 당신이 원하는 바를 선명하게 마음속에 그리고 확고한 믿음과 목표를 가지고 일하면 된다.

날마다 할 수 있는 모든 일을 하고, 각각의 일을 성공적인 방식으로 수행하라. 성공해서 부자가 되겠다는 목표를 당신이 하는 모든 일에 불어 넣어라.

그러나 고용주나 상사에게 잘 보여서 승진하겠다는 생각으로 이것을 실천해서는 안 된다. 고용주나 상사가 승진시켜줄 가능성은 거의 없다. 좋은 일꾼인 사람이 능력을 최대한 발휘해서 자기 책임을 다하면 고용주가 그 직원을 인정해주긴 하지만, 그를 승진시키는 데는 별다른 관심이 없다. 그런 사람은 현재 그 자리에 있을 때 그리고 그렇게 행동하고 있을 때 더 가치가 있기 때문이다.

확실히 승진하려면 자신의 직책에 필요한 능력보다 큰 능력이 요구된다. 발전할 것이 분명한 사람은 현재 직책보다 더 큰 능력을 갖추고 있으면 자신이 원하는 바에 대한 분명한 개념을 지닌 사람이다. 자신이 바라는 대로 될 수 있는 사실을 알고 있으며, 그렇게 하기로 마음먹은 사람이다.

고용주를 기쁘게 하려고 현재 맡은 직책 이상의 일을 하려고 하지 마라. 자신을 발전시키겠다는 마음으로 그렇게 하라. 일하는 시간과 일을 마친 이후, 그리고 일하기 전에도 늘 발전한다는 믿음과 목표를 가져라. 상사, 동료, 거래처 사람 등 당신과 만나는 모든 사람이 당신에게서 나오는 목표 달성의 힘을 느낄 수 있게 하라. 그러면 누구나 당신을 보고 발전하고 성장하는 사람이라고 생각할 것이다. 사람들은 당신에게 끌릴 것이고, 현재 직장에서 승진할 가능성이 없더라도 머지않아 다른 일을 얻을 기회가 찾아올 것이다.

특별한 법칙을 따르며 발전하는 사람에게는 반드시 기회가 찾아온다. 그렇게 만드는 힘이 존재한다. 당신이 특별한 방식으로 행동하면 신은 당신을 돕지 않을 수 없다. 신 자신을 위해서라도 그렇게 해야만 하기 때문이다.

당신이 처한 환경이나 업계의 상황도 당신을 좌절시킬 수 없다. 대기업에 다니면서 부자가 될 수 없다면 농장을 사서 농사일로 부자가 될 수도 있다. 특별한 방식으로 움직이기 시작한다면 분명히 하기 싫은 일을 하는 대신 당신이 원하는 곳에서 성공할 수 있을 것이다.

특별한 방식으로 생각하고 행동하라. 그러면 확고한 믿음과 목표를 통해서 상황을 개선할 기회를 포착하게 될 것이다. 그런 기회는 당신이 생각하는 것보다 이른 시간에 찾아올 것이다. 모든 생명 안에서 일하는 근원 물질의 힘이 기회를 가져다주기 때문이다.

원하는 것을 모두 달성하게 해줄 단 한 번의 기회를 기다리지 마라. 지금보다 더 나아질 기회가 왔고 매력적으로 끌린다면 그 기회를 잡아라. 더 좋은 기회를 위한 첫걸음이 될 것이다. 이 우주에서 발전하는 사람에게 기회가 오지 않는 경우는 없다.

세상 모든 것이 발전하는 사람을 위해 일하고, 발전하는 사람의 선함을 위해 작용한다. 이것이 우주의 고유한 특성이다. 발전하는 사람이 특별한 방식으로 생각하고 행동하면 그 사람은 반드시 부자가 된다. 이 책에서 제시한 행동 지침에 대한 확신을 갖고 따르라. 절대 실패하지 않을 것이다.

16장

주의사항과 성공의 결론

평범한 사람들은 부자가 되는 정확한 과학이 있다는 말을 비웃을 수 있다. 그들은 부의 공급량에 한계가 있다고 여기기 때문에 사회와 정부 정책이 바뀌어야만 많은 사람이 부유해질 수 있다고 주장한다. 그러나 이것은 사실이 아니다.

정부가 대중을 가난 속에 내버려 두는 것은 사실이지만 이것은 사람들이 특별한 방식으로 행동하지 않기 때문이다.

사람들이 이 책에서 제시한 대로 움직이기 시작하

면 정부나 산업 체계도 그들을 견제할 수 없다. 모든 체계가 그 발전을 수용하기 위해 수정될 수밖에 없다. 발전하려는 마음과 부자가 될 수 있다는 확고한 믿음과 부자가 되겠다는 변하지 않는 목표를 가지고 앞으로 나아간다면 그 무엇도 그들을 가난에 내버려 두지 않을 것이다.

개개인은 언제든지, 어떤 정부 체제에서든지 특정한 방식으로 행동할 수 있다. 그러면 스스로 부자가 될 수 있다. 또한 어떤 정부도 다수의 사람이 그렇게 한다면, 그들을 위해 길이 열리도록 체제가 바뀔 것이다.

경쟁에서 이겨서 부를 얻는 사람이 많아지면 나머지 사람들의 상황은 더욱 나빠진다. 하지만 창조의 세계에서는 부자가 되는 사람이 많아질수록 나머지 사람들의 상황도 좋아진다.

이 책에서 말한 과학적 방법을 많은 사람이 실천하고 부자가 되도록 해야만 대중을 경제적으로 구원할 수 있다. 이것이 본보기가 되면 다른 사람들도 진정한 삶에 대한 열망을 가지고 그것을 달성할 수 있다는 믿음과 진정한 삶을 성취하고 말겠다는 목표를 고취할 수 있다.

그러나 현재의 정부 체제나 자본주의의 경쟁 시스템 때문에 당신이 부자가 되지 못하는 것이 아니다. 창조적으로 생각하기 시작하면 이 모든 것을 넘어서서 당신은 전혀 다른 세계로 들어서게 될 것이다.

당신의 생각이 반드시 창조적 세계로 향해야 한다는 사실을 기억하라. 부의 공급량이 제한되어 있다는 생각이나 경쟁의식에서 비롯된 행동은 하지 마라. 낡은 사고방식에 빠질 때마다 자신을 바로잡아라. 경쟁하는 마음을 가지면 모두를 살피는 신의 도움을 받을 수 없다.

미래에 일어날지 모르는 긴급 상황에 대처할 계획을 세우느라 시간을 낭비하지 마라. 단, 그 계획이 지금 행동에 영향을 미칠 수 있는 경우는 예외다. 오늘 일을 완벽하게 성공적으로 해내는 것에 집중하고, 내일 일어날 수 있는 긴급 상황에는 신경 쓰지 마라. 긴급 상황이 일어나면 그때 대처하면 된다.

사업을 하는데 곧 닥칠 것 같은 장애물을 극복하는 방법에 대해 오늘 당장 어떤 조치를 해야 하는 경우가 아니라면 미리 고민하지 마라. 미래의 아무리 큰 장애물이 나타나더라도 이 책에서 말한 특별한 방식으로 계속 나아가다 보면 그 장애물은 없어질 것이다. 설령 장애물이 사라지지 않더라도 그것을 극복하거나 우회할 다른 길이 나타날 것이다.

어떤 상황이 겹치더라도 과학적 법칙을 정확히 따르면 부자가 되기 위해 노력하는 사람을 막을 수 없다. 그 법칙을 지키는 사람은 반드시 부자가 될 수밖에 없다. 이것은 수학의 법칙처럼 정확하다.

미래의 재난이나 장애물, 여러 불리한 상황에 대해서 불안할 필요는 없다. 당신 앞에 이런 문제들이 닥쳤을 때는 그것에 대처하는 시간은 충분하다. 모든 어려움은 극복할 방법도 함께 나타나기 마련이다.

그리고 당신이 평소에 하는 언어, 말을 조심하라. 당신 자신과 당신과 관련된 일, 그리고 다른 어떤 일에 대해서도 낙담하거나 좌절의 언어를 입으로 말하지 마라. 실패 가능성을 인정하거나 실패를 암시하는 말도 절대 해서는 안 된다. 시대가 어렵다거나 사업 전망이 불확실하다고 절대 말하지 마라. 경쟁 세계에 있는 사람은 사업 환경이 힘들고 불확실한 시기를 겪을 수 있지만, 당신에게는 절대 그런 일이 일어나지 않는다. 당신은 원하는 것이 무엇이든 창조할 수 있고 두려움을 이겨낼 수 있다. 다른 사람이 힘든 시간을 보내고 사업의 어려움을 겪을지라도 당신은 좋은 기회를 발견할 것이다.

세상을 점점 성장하는 존재로 바라보고 세상의 악은 그저 변변찮은 것으로 간주하라. 항상 발전적 관점에서 말하라. 그렇게 하지 않으면 믿음을 부인하는 것이고, 이내 믿음을 잃게 된다.

절대 실망하지 마라. 원하던 것을 일정한 시간 안에 얻게 될 것으로 기대했지만 원하는 시간 안에 얻지 못할 수도 있다. 실패처럼 보일 수 있지만, 확고한 믿음이 있다면 실패란 그저 겉보기에만 그렇게 보이는 것이다.

특별한 방식으로 계속 매진하라. 당신이 원하는 것을 얻지 못하더라도, 나중에 훨씬 더 좋은 것을 얻게 되므로 앞서 실패처럼 보였던 일이 사실 엄청난 성공이었다는 사실을 깨닫게 될 것이다.

예를 들어, 부자가 되는 과학을 공부하던 사람이 성공할 듯한 사업을 하기로 마음먹고 목표를 달성하기 위해 열심히 일했다. 중요한 시기가 왔을 때, 전혀 설명할 수 없는 방식으로 그 사업이 무산됐다. 마치 보이지 않는 어떤 영향력이 비밀리에 작용하는 것 같았다. 하지만 그는 실망하지 않았다. 오히려 자신의 열망이 이루어지지 않은 것에 대해 신에게 감사했고, 이후에도 감사하는 마음으로 꾸준히 자신의 사업을 계속했다. 얼마의 시간이 지난 후, 처음과는 비교할 수 없을 정도로 더 좋은 기회가 찾아왔다. 그는 깨달았다. 그보다 더 많은 것을 내다 본 초월적 존재가 자신에게 더 훌륭한 기회를 주기 위해 처음에 나쁜 일을 경험하게 했다는 사실을 알게 되었다.

확고한 믿음을 가지고, 목표를 지키고, 감사하며, 매

일 할 수 있는 모든 일을 성공적으로 완수한다면, 겉으로 실패처럼 보이는 일들도 위와 같은 방식으로 당신에게 성공적인 결과로 다가올 것이다.

당신이 실패한다면 그것은 충분히 요구하지 않았기 때문이다. 주저하지 말고 계속한다면 원하는 것보다 훨씬 더 좋은 것이 당신에게 올 것이다.

기억하라. 하고 싶은 일을 하는 데 필요한 재능이 부족해서 실패하는 경우는 없다. 이 책에서 말한 대로 계속한다면 필요한 모든 재능을 키울 수 있다. 재능을 키우는 과학을 다루는 것은 이 책의 범위를 넘어서지만, 그 역시 부자가 되는 과학만큼이나 분명하고 간단하다.

당신이 노력하는 과정에서 능력이 부족해서 실패할 수 있다는 두려움으로 주저하거나 흔들리지 마라. 계속 나아가 그 지점에 이르면 필요한 능력이 주어질 것이다. 학교 교육을 제대로 받지 못한 링컨이 어떤 대통령보다 더 위대한 업적을 이룰 수 있었던 그 능력의 원천이 당신에게도 열려 있다. 당신에게 주어진 책임을 다하는 데 필요한 지혜를 신에게 받을 수 있다. 확고한 믿음을 가지고 계속 나아가라.

이 책을 공부하라. 이 책에 담겨 있는 모든 내용을 완전히 익힐 때까지 늘 곁에 두고 되새겨라. 이 내용을 확실하게 믿기 전까지 모든 취미나 즐거움을 멀리하라. 이것과 어긋나는 내용을 다루는 강의나 설교는 듣지 마라. 비관적이거나 책의 가르침과 상반되는 내용의 글을 읽지 말고, 그 문제에 대해 논쟁하지도 마라. 서문에 언급된 작가들의 글을 제외한 다른 글을 읽지 마라. 마음속 그림을 깊이 생각하고, 감사하는 마음을 기르고 이 책을 읽는 시간을 남겨두라. 이 책에는 부자가 되는 과학이 담겨 있다.

17장

부(富)를 움켜쥐는 과학의 핵심

만물의 근원이 되는 생각하는 물질이 있다. 이 물질은 우주 공간 사이에 스며들고, 우주를 가득 채우고 있다. 이 물질에 생각이 깃들면 그 생각은 자신이 생각한 이미지를 형상으로 만든다. 사람은 형상을 생각할 수 있으며 무형 물질에 각인함으로써 자신이 생각했던 사물을 만들어낼 수 있다.

이를 위해서는 경쟁의식에서 벗어나 창조적인 마음가짐을 가져야 한다. 그렇지 않으면 항상 창조적이며, 절대 경쟁하지 않는 무형의 지적 존재와 조화를 이룰 수 없다.

근원 물질이 우리에게 주는 축복에 대해 진심으로 깊이 감사함으로써 무형 물질과 완전한 조화를 이룰 수 있다. 감사는 우리 마음과 근원 물질을 하나로 만들어 우리 생각을 근원 물질에 전달한다. 항상 감사하여 무형의 지적 존재와 결합해야만 창조의 세계에 머물 수 있다.

우리는 자신이 갖고 싶은 것, 하고 싶은 것, 되고 싶은 모습을 마음속에 명확하고 분명한 그림으로 가지고 있어야 한다. 그리고 그 이미지를 마음에 새기며, 모든 소망을 갖도록 허락해준 신에게 깊이 감사해야 한다. 부자가 되고 싶다면 시간이 날 때마다 마음속 그림을 깊이 생각하고, 그것이 현실로 이루어지는 데 진심으로 감사해야 한다. 변함없는 믿음과 진정으로 감사하는 마음으로 그 이미지를 자주 사색하는 것이 무엇보다 중요하다. 이 과정은 이미지를 무형이 근원 물질에 각인해서 창조적 힘을 움직이게 한다.

창조 에너지는 이미 존재하는 자연적 성장 과정, 산

업 및 사회적 질서를 통해 움직인다. 흔들리지 않는 믿음을 가지고 위에서 말한 지침을 따른다면 마음속으로 생각한 모든 것이 반드시 실현될 것이다. 이미 자리잡은 무역이나 상업 등의 거래 방식을 통해 원하던 것이 우리에게 찾아올 것이다.

원하던 것이 우리에게 다가올 때 이것을 받기 위해서는 적극적으로 행동해야 한다. 이는 자신의 현재 직책에 충실한 것 이상을 의미한다. 마음속 그린 이미지를 실현해서 반드시 부자가 되겠다는 목표를 잊어서는 안 된다. 날마다 하루에 할 수 있는 모든 일을 하되 효율적으로 해야 한다.

모든 사람에게 우리가 받는 현금 가치보다 더 많은 사용 가치를 돌려주어야 한다. 그렇게 하면 모두의 삶이 더 나아질 수 있다. 발전적인 생각을 굳건히 함으로써 우리가 만나는 모든 사람에게 성장할 수 있다는 느낌을 전달해야 한다.

지금까지 말한 이 책의 지침을 실천한다면 누구나 부자가 될 것이다. 마음속 그림이 얼마나 선명한가, 목표가 얼마나 확고한가, 믿음이 얼마나 굳건한가, 감사의 마음이 얼마나 진실한가에 따라 당신에게 찾아오는 부의 크기가 결정된다.

월리스 와틀스의

부를 움켜쥐는 17가지 법칙

초판 1쇄 인쇄 2023년 2월 23일
초판 1쇄 발행 2023년 3월 10일

지은이 월리스 와틀스
옮긴이 안희탁

펴낸이 신민식
만든이 신지원
펴낸곳 도서출판 지식여행
출판등록 제 2010-000113호

주소 서울 마포구 토정로 222 한국출판콘텐츠센터 419호
전화 02-333-1122
팩스 02-332-4111
이메일 theorigin1971@gmail.com
홈페이지 www.sirubooks.com
영업문의 휴먼스토리 (070-4229-0621)

인쇄/제본 한국학술정보

ISBN 978-89-6109-528-0(03320)
값 13,000원